中国连锁经营协会推荐培训教材
高等教育自学考试指定教材

门店运营与管理

周佳 主编

连锁经营管理专业系列教材

北京

图书在版编目（CIP）数据

门店运营与管理/周佳主编

北京：中国经济出版社，2013.4（2022.1 重印）

ISBN 978-7-5136-2017-8

Ⅰ.①门… Ⅱ.①周… Ⅲ.①商店—运营管理—大专—教材 Ⅳ.①F717

中国版本图书馆 CIP 数据核字（2012）第 258089 号

策划编辑　路　巍
责任编辑　贺　静
责任印制　巢新强
封面设计　巢新强

出版发行	中国经济出版社
印 刷 者	北京九州迅驰传媒文化有限公司
经 销 者	各地新华书店
开　　本	710mm×1000mm　1/16
印　　张	14
字　　数	214 千字
版　　次	2013 年 4 月第 1 版
印　　次	2022 年 1 月第 8 次
书　　号	ISBN 978-7-5136-2017-8/G·1877
定　　价	29.00 元

中国经济出版社 网址 www.economyph.com 社址 北京市西城区百万庄北街3号 邮编 100037

本版图书如存在印装质量问题，请与本社发行中心联系调换（联系电话：010-68319116）

版权所有　盗版必究（举报电话：010-68359418　010-68319282）

（举报电话：12390）　　　服务热线：010-68344225　88386794

连锁经营管理自考专业系列教材编委会

主任委员(以姓氏笔画为序)
  王季音 徐宝力 裴 亮

委员(以姓氏笔画为序)
  于继超 王 晶 王 超 龙 腾 平建恒
  孙丽娟 刘 威 吴 崑 纪 元 张 慧
  张力升 杨 蕊 周 佳 郭玉金 寇长华
  储成成 蔡顺峰

前　言

本书为高等教育自学考试连锁经营管理专业核心课程《门店运营与管理》的指定教材。一般来说，连锁企业是由门店和总部构成的。从经营功能上看，总部具有执行全面的管理计划以及商品开发、配送、经营指导等多方面功能，而门店在其支持和帮助下执行最终销售功能。门店看起来虽然只是一个小店铺，但连锁总部花费大量人力、物力、财力，精心设计制定的各种经营决策和标准，最终只能在门店日常作业化管理中体现出来。因此，门店管理环节可以说是连锁经营管理的核心环节。

连锁经营形式已经覆盖到了零售、餐饮、酒店等各行各业，本教材对门店运营与管理的讲授主要针对商贸连锁企业展开，对其他行业的连锁门店运营与管理也有一定的借鉴意义。

本教材由北京财贸职业学院周佳主编。感谢中国经济出版社路巍编辑的帮助。对本书编写过程中给予编者支持的相关专家、老师，在此一并致谢。疏漏之处，敬请各界专家、读者指正。

编者
2013 年 4 月

目 录

第一章　导　论 …… 001
- 第一节　连锁门店的含义和分类 …… 004
- 第二节　连锁门店的职能和组织结构 …… 008
- 第三节　门店运营与管理的重要控制点 …… 016

第二章　门店店长岗位认知 …… 023
- 第一节　店长的主要职责 …… 027
- 第二节　店长的作业流程 …… 033

第三章　门店布局与陈列管理 …… 037
- 第一节　门店布局 …… 042
- 第二节　商品陈列 …… 047

第四章　门店品类管理 …… 061
- 第一节　门店品类管理概述 …… 063
- 第二节　门店品类管理的具体实施流程 …… 065

第五章　门店商品进货与存货作业管理 …… 073
- 第一节　门店商品进货作业管理 …… 077
- 第二节　门店商品存货作业管理 …… 081

第六章 门店预算编制与成本控制要点 091
第一节 门店预算编制 096
第二节 门店成本控制要点 099

第七章 门店促销管理 107
第一节 门店促销概述 113
第二节 门店促销策划流程 123
第三节 门店促销实施流程 129

第八章 门店损耗与安全管理 139
第一节 门店防损管理 142
第二节 门店能耗管理 146
第三节 门店安全管理 148

第九章 门店服务管理 153
第一节 门店服务规范 156
第二节 门店服务技巧 167

第十章 门店团队管理 175
第一节 团队概述 178
第二节 门店团队人员培训 181
第三节 门店团队人员考核 186
第四节 门店团队人员激励 189

第十一章 门店经营绩效分析 197
第一节 门店经营绩效分析的依据 200
第二节 门店经营绩效分析的方法 209

第一章

导 论

学习目的与要求

通过本章的学习,对连锁门店的含义、分类和特征有全面的认识;了解连锁门店的职能和组织结构;掌握连锁门店运营与管理的重要控制点。

关键词

连锁门店　职能　组织结构　重要控制点

| 导入案例 |

日本CoCo壹番屋咖喱连锁店铺数量世界第一

图1.1 日本CoCo壹番屋咖喱连锁店

日本株式会社壹番屋日前宣布,其旗下的咖喱连锁店CoCo壹番屋(见图1.1)因在世界范围内拥有数量最多的咖喱连锁店铺,被载入吉尼斯世界纪录。截至2011年12月末,CoCo壹番屋的店铺数总计为1 305家(其中日本国内1 205家,海外100家)。

日本株式会社壹番屋由宗次德二创建于1978年1月,第一家店建在日本爱知县的西枇杷岛町(也就是现在的清须市),开店初期最大的卖点就是他妻子拿手的咖喱饭。1994年,壹番屋实现了在日本47个都道府县的全覆盖,并在夏威夷开设了海外第一家店。

资料来源:王晓霞,编译,人民网日本频道,http://japan.people.com.cn/35467/8099205.html。

思考题：什么样的店铺可被称为"连锁门店"？

第一节 连锁门店的含义和分类

一、连锁门店的含义

连锁门店是指在连锁企业经营管理的基础上，按照总店（总部）的指示和服务规范要求，承担日常销售业务的店铺。这些店铺采用共同的经营方针和一致的营销活动，通过规范化经营实现规模经济。门店是连锁总部各项政策的执行单位，不折不扣、完整地把连锁企业总部的目标、计划和具体要求体现到日常的作业化管理中。

拓展阅读

世界知名连锁企业

——家乐福、沃尔玛是全球知名的连锁超市；

——7-11是全球最大的连锁便利店；

——麦当劳、肯德基是全球知名的连锁快餐店；

——希尔顿、香格里拉是全球知名的连锁酒店。

这些不仅是世界上众多连锁企业的杰出代表，而且也形成了具有优势的、独立的品牌系统。

二、连锁门店的分类

从总体上说，连锁企业一般由总部、门店和配送中心三部分组成，这三部分分别扮演着不同的角色，承担着不同的任务，履行各自的职能。总部是中枢和核心，主要负责总体战略、门店开发、质量控制、商品开发与定价、市场调研等工作。配送中心是连接沟通总部与门店的组织，受总部领导，承担在物流方面的各个门店所需商品的进货、库存、分拣、加工、打包等工作。连

锁门店是直接面对消费者的经营场所,连锁门店的规模和业态不同,管理上也略有差异,目前大体上可以分为以下四类:

(一)直营连锁门店

直营连锁门店是由公司总部直接投资,进行经营管理的门店,如超市企业中的家乐福、沃尔玛,餐饮企业中的海底捞等。

(二)特许加盟连锁门店

特许加盟连锁门店即通过特许经营方式组成的连锁体系。代表企业为餐饮行业的小肥羊、麦当劳、肯德基等。特许加盟连锁门店通过合约的形式来具体规范和界定双方的利益和责任。

(三)自愿连锁门店

自愿连锁门店即由规模较小的公司通过相互协商,以签订协议的方式联合组成的连锁体系。

(四)合作连锁门店

合作连锁门店即由不同企业联合组成的自由的连锁机构和体系。如国内知名的上海联华采购联盟。

三、连锁门店的特征

连锁门店是在社会化大生产和市场经济条件下,现代化大流通最具代表性的商业经营模式。连锁经营通过网络系统的建立,实现了市场、信息、技术、人才管理和商誉的共享。其主要特征如下:

(一)经营场所的固定性与持续性

一般情况下,连锁门店一经开设,就会在相对固定的经营场所进行一段时间的持续经营活动。在我国,法律规定了商业用地土地使用权一般为40~50年,并且可以续租,这就从法律的角度保证了连锁门店的长期经营。而连锁企业在为门店选址的时候也会充分考虑这一点。

> 拓展阅读

家乐福的选址要求

(1)地理位置要求:开在十字路口。Carrefour(法文,意为十字路口),其第一家店于1963年开在巴黎南郊一个小镇的十字路口,生意异常火爆。十字路口成为家乐福选址的第一准则。同时还要交通方便,能够满足私家车、公交车、地铁、轻轨等各种交通要素的通达。这里人口密度要相对集中;附近要有两条马路的交叉口,其一为主干道。该区域还要具备相当面积的停车场,比如在北京要求至少有600个以上的停车位,非机动车停车场地为2 000平方米以上,免费提供给家乐福公司员工及顾客使用。

(2)建筑要求:占地面积15 000平方米以上,且最多不超过两层,总建筑面积2万~4万平方米。建筑物长宽比例为10:7或10:6。

(3)3~3公里商圈半径:这是家乐福在西方选址的标准。在国内一般标准是公共汽车8公里车程,不超过20分钟的心理承受力。

(4)灵活适应当地的特点:家乐福店可开在地下室,也可开在四五层,但最佳选择为地面一二层或地下一层。家乐福一般占用两层空间,不开三层。这种灵活选址原则,增强了家乐福在同类行业的竞争优势。

(5)租期要求:家乐福能够承受的租金较低,而且一般会签订长期的租赁合同(通常是20~30年)。

(6)外聘公司进行市场调查:一般需要分别选两家公司进行销售额测算,两家公司是集团之外的独立公司,以保证预测的科学和准确性。

(7)转租租户由家乐福负责管理。

资料来源:京华时报,2006年8月18日第C08版。

(二)数量众多,功能不一

连锁经营与连锁门店营运的优势在于通过建立数量众多的店铺形成有机、统一的网络,从而扩大市场覆盖面,形成规模经营的优势。"连锁店数量比质量更重要"的扩张思路,是连锁企业在初创时期的重要发展方向。如何快速增加连锁门店的数量,是连锁企业赚取扩张资金、销售产品、求得发展的最佳途径。但是不同的门店对于连锁企业的整体战略可能会有不同的功能定位,有的作为主力店,有的则作为辅助店。

> **拓展阅读**

关于"店"的两个问题

一、此"门店"与彼"门店"

最近,北京的老字号庆丰包子铺开了许多家连锁店,而且从早到晚,大都生意兴隆。可反观几家家电卖场的一些连锁店,除了有名的面积较大的门店之外,许多小门店不仅平日里门前冷清,即使在周末、假日,人气也难说得上旺。

同样是"连锁门店",每家庆丰连锁店里的包子都保持着和总店一样的美味,而每家家电卖场里的电器也都来自大品牌,但是为什么销售状况却有天壤之别呢?

其实答案很简单,因为庆丰包子的价格在每一家店里都是一样的;而家电卖场里家电的价格则家家不同——同样的东西,在大店的价格比小店里要便宜得多,人气自然没的比。

二、主力店与社区店

周围的朋友常常会问:"到底去哪儿购买电器比较合适啊?"遇到这种问题时,有经验的圈里人都不会直接说出某一个家电卖场的名字,最有意义的回答是国美安贞店、苏宁联想桥店、大中中塔店。

因为,不论是哪个卖场,只要是在上述这类面积超大的门店里买电器,则无论价格、品类、赠品等都是最划算的。按照业内人士的说法,这些店就叫做主力店。

其实,有经验的消费者都了解这个"玄机"。因此,每到节假日,几大主力店里的人气也就出奇地旺。按照大中新掌门人毛晓军的说法,大中电器在北京的64家门店中,包括16家主力门店,加上苏宁、国美,北京地区的主力店数量可以达到25~30家。

相比之下,非主力店的地位就显得非常尴尬。虽然连锁卖场的老板意在把这些门店打造成为便民的"社区店",目的是让老百姓不用跑太远就能买到想要的家用电器,然而事实却没有想象的那么乐观。

资料来源:程惊,精品购物指南,2008年01月10日第4期。

(三)统一化和标准化

连锁门店的经营要求店名、店貌、商品、服务等各个方面标准化,商品购销、信息汇集、广告宣传、员工培训、管理规范等方面统一化,从而形成不同连锁企业不同的企业形象。连锁门店的经营采取统一激活、统一配送、统一价格、统一服务、统一广告、统一管理以及统一核算的经营模式,这样可以降低流通成本和交易成本,杜绝假冒伪劣,又可以提升企业形象,增强竞争力。连锁门店能否标准化,是其能否做大的一个决定性因素。对于一般中餐企业的标准化来说,能否"消灭"厨师,就决定了它能否标准化;对于美容连锁企业来讲,能否"消灭"美容师,同样决定着其能否标准化。

拓展阅读

"真功夫"的标准化流程

真功夫以"炖品"为主打,就保证了标准化。同时,真功夫开发出了"电脑程控蒸汽柜",餐厅里不再需要厨师,服务员只要将一盅盅饭菜半成品放进蒸汽柜,30分钟左右,就能拿出香喷喷的饭菜,真正实现"千份快餐同一口味"。另外,真功夫还将餐厅管理操作程序制定成9本厚厚的标准手册,确定了每个运营细节及操作过程的标准,不但所有餐厅原料一致,而且烹饪过程的每一步也是标准化操作。

资料来源:沈志勇,连锁企业经营的8大成功密码,博锐管理在线,2007年9月28日。

第二节 连锁门店的职能和组织结构

一、连锁门店的职能

门店是连锁总部各项战略、方针政策、规章制度的执行单位,也是连锁企业利润的直接创造者。企业总体目标的实现就是通过每个门店将总部的计划和要求落实在日常管理之中,通过每家门店个体目标的完成,来实现连锁企业总体目标的达成。通常在连锁企业中,门店有以下基本职能:

(一)环境管理

良好的环境是门店得以生存和发展的基本前提。环境包含有形的硬环境和无形的软环境。大致包含以下四方面:

1. 建立融洽和谐的公共关系

门店经营的长期性要求其必须与所在区域的相关职能部门保持良好的沟通以及融洽的关系,如工商、税务、公安、消防、城管、质监、物流、街道办、居委会、周边居民等。门店需要主动和周边进行沟通、交流,以获取相关信息。

2. 保持统一联合的品牌形象

首先,门店是连锁企业经营系统中的基本单元,必须严格确保其识别系统与企业总体一致,即门店的内外部装饰装修必须符合总部的统一规范,比如店面、店招、色彩、Logo 等;其次,门店所有人员的行为规范也必须符合连锁总部企业的统一要求,力求通过每一位一线员工标准规范的服务,来展示企业的良好形象;最后,门店应该积极承担所在社区的社会责任,参与公益活动。这既可以提高门店在社区居民中的知名度和美誉度,也可以树立企业的品牌形象。

3. 创造安全舒适的消费环境

门店的安全主要是指门店的防火、防涝、防盗、防拥挤踩踏以及危机事件应对措施等。这主要可以通过合理的规划设计、完善有效的保障设施、健全严格的相关制度、充分详尽的预案来实现。而舒适的购物环境,主要是要求门店感觉整洁、井然有序、布局合理等。

4. 营造轻松愉快的消费氛围

门店的消费氛围对于提升顾客购物愉悦感、增加顾客满意度有着至关重要的意义。

(二)人员管理

门店中的人员主要有两大类,一类是连锁企业的自有人员,另一类是供应商派驻到门店的促销员。在门店的管理上,这两类人员差别不大,在目前的连锁企业实践中,将促销人员视为门店自有人员进行管理的趋势也日益明显。门店人员管理主要包含以下内容:

1. 人员需求规划

一般而言,连锁总部人力资源部门会根据门店的规模设定门店的人员编制,同时也会负责人员的招聘以及前期培训。门店的管理者应该结合门店的具体情况以及发展态势,预先对人员需求做出规划,并与总部保持良好沟通,以确保门店人员的数量和质量。

2. 人员培训指导

门店需要根据其岗位制订系统化的培训计划,不断提高员工的素质和能力。作为门店管理者,不能狭隘理解培训,在员工的日常工作中,由其上级或者资深员工进行的现场指导,也是非常有效的培训。

3. 人员日常管理

日常管理主要包括对员工的班次安排、劳动纪律、服务质量、仪表仪态、劳动安全等方面的管理。对以标准化为基本特征的连锁企业而言,门店日常管理的关键,就是对总部统一制定的制度规范始终一丝不苟地执行与落实。

4. 人员绩效考核

绩效考核是管理者的重点事项之一,这关系到员工的工资收入,更关系到员工的优胜劣汰,甚至还影响着员工对工作的满意度和对企业的信任度。管理者科学合理、公平公正地设立目标、分解任务,是进行人员考评的先决条件;同时,公平、公正、公开也是决定整个绩效考核工作成效的关键。

5. 人员心理关怀

当今社会竞争激烈,员工承受的压力也明显加大。尤其是作为服务行业的一线员工,门店要视顾客为上帝,难免要遭受来自顾客的误解、冤枉,这势必造成员工的心理危机。作为门店的管理者,必须时刻关注员工的心理状况,及时给予关怀和指导,使员工保持健康积极的心态,怀着轻松愉快的心情开展工作。

(三)商品管理

商品管理是门店存货与销售的基础。门店的商品管理主要分为以下环节：

1. 进货

门店的进货是指门店向总部或总部规定的供应商要货，或者门店经总部许可自行直接采购的活动。一般说来，总部会规定每天的订货时间，以保证订货作业的计划性。

2. 收验货

门店的收验货是指订货后，对配送而来的商品进行接收与验收，从而使商品进入卖场或者库存。验收按照进货的来源可分为厂商配送验收、总部配送验收和自行进货验收。

3. 库存管理

库存管理主要包括仓库管理和盘点作业。仓库管理负责门店商品储存空间的管理；盘点则是对库存商品的清点和核查。通过盘点作业，可以及时掌握店铺真实的存货、费用率、毛利率等经营指标，这些可以作为门店经营决策和业绩考核的依据。仓库管理与盘点工作是相辅相成的。科学、合理、安全而卫生的仓库管理，不仅可以方便盘点，而且可以减少库存费用以及损坏；同时，及时准确的盘点又可以科学地控制库存，发现问题，解决问题。

4. 退换货

退换货主要是由于商品有质量问题、定错货、送错货或者是存在滞销品。退换货作业可与进货作业配合进行，利用进货回程顺便将退换货完成。退换货时，要首先查明商品的来源，其次要正确填写退货单，最后要通知供应商及时处理。

（四）销售管理

门店的销售管理，是指门店按照总部下达的任务目标，结合自身具体情况确定销售任务指标，充分整合与高效配置各种资源，制订出科学合理的销售计划，并通过过程管理切实落实计划，最终达成既定目标的过程。门店销售管理主要涉及以下工作：

1. 任务制订与分解

门店的核心任务就是完成总部下达的销售任务。门店需要根据总部下达的任务，结合门店自身的具体情况，制订本门店的销售任务指标，并将门店的任务指标层层分解到各个部门和岗位,从而实现任务指标在部门、岗位、人员间的分解,以及在不同商品项目上的分解。此外,门店还需要根据时间进度要求,将任务分解到具体的时间段。随着管理精细化趋势的增强,门店对任务在时间维度方面的分解已经精确到小时。

2. 资源整合与配置

门店要开展各项业务活动,达成既定的任务指标,必须要有相应的资源支持。门店所拥有的资源包括人、财、物、时间、空间、信息等。门店所拥有的各种资源,并不能自动地相互协调匹配,而是需要门店管理者进行精心整合,使各项资源相互匹配,综合协调,才能真正发挥资源的协同优势,实现资源效用最大化。在进行资源配置时,还需要结合门店销售任务的分解情况,根据任务的轻重缓急,在恰当的时间将各种资源配置到适合的位置。

(五)客户关系管理

作为门店生产与发展的基础,客户关系维护是门店至关重要的管理内容。根据市场调研,开发一名新客户的成本至少是维护一名老客户的成本的5倍,由此可见,维护客户关系至关重要,不仅可以为门店带来更多的新顾客,保持利润增长,还可以减少开发新客户的成本。

(六)供应商管理

尽管对于连锁企业来说,绝大多数的采购权由总部掌控,但是对供应商的管理也是门店销售管理的一项重要工作。首先,若门店有自行采购的商品,那么必须由门店自行承担对这些商品供应商的管理;其次,对于总部采购的由供应商配送的商品,门店也需要对这些商品的供应商进行相应的管理;最后,即使是由总部统一采购、统一配送的商品,总部也需要门店的积极配合。此外,无论何种类型的供应商,在日常的销售管理活动中,门店都会涉及与他们的相互衔接与配合,良好的合作关系会给门店带来更多的资源。

(七)现金管理

门店的现金管理职能主要包括收银管理和进货票据管理等。从收银员开始操作到结账,其间的各种现金进出情况,都属于收银管理的范围。收银管理的最终要求是在结账时,收银机上的金额与现金达到平衡。

(八)经营绩效评估

门店的绩效评价是采用特定的指标,对照统一的标准,按照一定的程序,通过定性定量分析,对门店一定时期内的经营效益和经营者业绩做出客观、公正和准确的综合评判。门店的评价指标体系主要可以概括为"人""财""物"三个方面。

1. 人

主要是人员效率、人员的相对稳定性、人员的工作状态等。主要可以利用的指标是人均营业额、人均利润、人员流失率、人员工作满意度等。

2. 财

主要是从门店销售工作的数量和质量方面进行考评,可以运用的主要财务指标有销售额、销售量、销售利润等。

3. 物

主要是指门店商品的安全和商品周转效率等,涉及的主要考评指标是商品损坏率、商品周转率、滞销商品比率等。

二、连锁门店的组织结构

组织结构是一个组织内构成要素之间确定的关系形式,或者说是一个组织内各部要素的排列组合方式。连锁企业组织结构是指连锁企业全体员工为实现企业目标而进行的分工协作,在职务范围、责任、权力方面所形成的结构体系。

门店的组织结构主要视行业性质、业态特征、规模大小以及商品结构等因素的不同而有所差异。因为连锁企业实行的是商品采购、配送、财务等作业的总部集中性统一管理,因此连锁企业门店的组织结构相对比较简单明确。

连锁超市门店组织结构如图 1.2 所示。

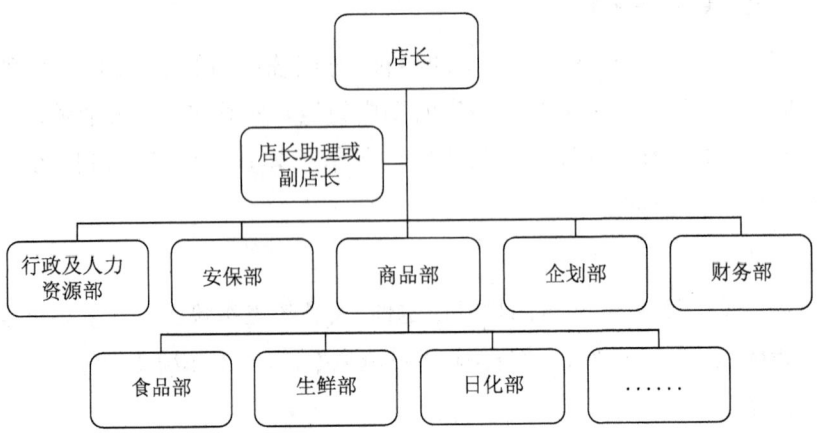

图1.2 连锁超市门店组织结构图

在图1.2中各主要部门主管的工作职责如下:

(一)企划主管的主要工作职责

(1)落实连锁总部统一部署的各种促销推广活动;

(2)组织策划本门店的各项选择促销活动;

(3)统筹预测本门店与供应商等利益相关者的联合促销活动;

(4)确保门店6个元素符合连锁总部的规范;

(5)负责门店各项宣传促销活动;

(6)负责门店整体布局规划以及产品摆放设置;

(7)负责门店产品的详细陈列和管理;

(8)负责门店广告位的规划、招租与谈判;

(9)管理本部门员工。

(二)财务主管的主要工作职责

(1)门店现金、支票、发票等的管理;

(2)门店财务预算与决算;

(3)门店财务管理;

(4)门店预算控制;

(5)现金占用控制分析;

(6)协助店长进行门店经营效益分析;

(7)监督确保门店各项业务活动符合财务制度与规范;

(8)有自主采购权的门店,财务主管还要负责与供应商进行财务往来结算。

（三）商品主管的工作职责

(1)确保本部门所有员工能为顾客提供优质超值的服务;

(2)负责本部门所有商品的陈列,保证公司各项标准、规范的准确执行;

(3)确保门店安全、整洁、干净、舒适;

(4)完成部门的销售指标、毛利指标等;

(5)控制商品的进货质量、生产质量,检查质保期,为顾客提供高质量的商品;

(6)负责执行全店的销售计划,保证本部门的月度、季度和年度销售业绩和毛利达到公司制定的标准;

(7)负责商品的订货和库存管理,控制缺货;

(8)对商品调价、报损、退还等的执行情况进行跟踪;

(9)负责本部门的损耗控制;

(10)组织实施周期盘点;

(11)管理本部门员工。

（四）安保主管的工作职责

(1)落实总部的安全防损制度;

(2)本部门的管理;

(3)落实各种应急预案,并组织演练;

(4)对员工进行安全、消防、防盗知识培训以及督导;

(5)负责与所在地公安、消防等部门的联系,加强门店安全防范;

(6)分析商场发生的盗窃情况,提高防范能力;

(7)门店突发事件的应急处理;

(8)定时检查,发现安全隐患及时处理和报告。

思考题：比较图1.3和图1.4两张门店组织图,请判断并分析它们分别是哪种业态的门店组织图。

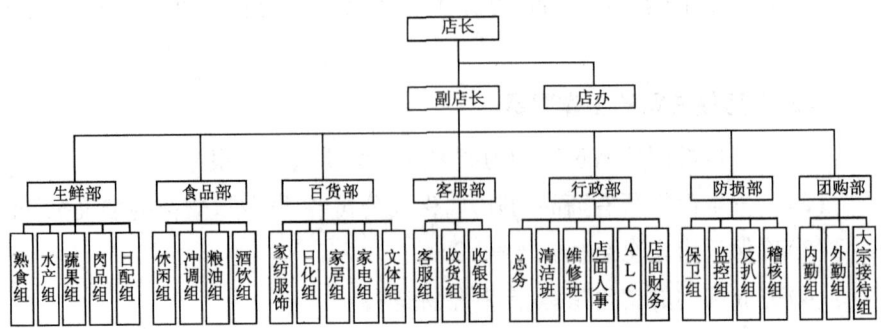

图 1.3　门店组织结构图 A

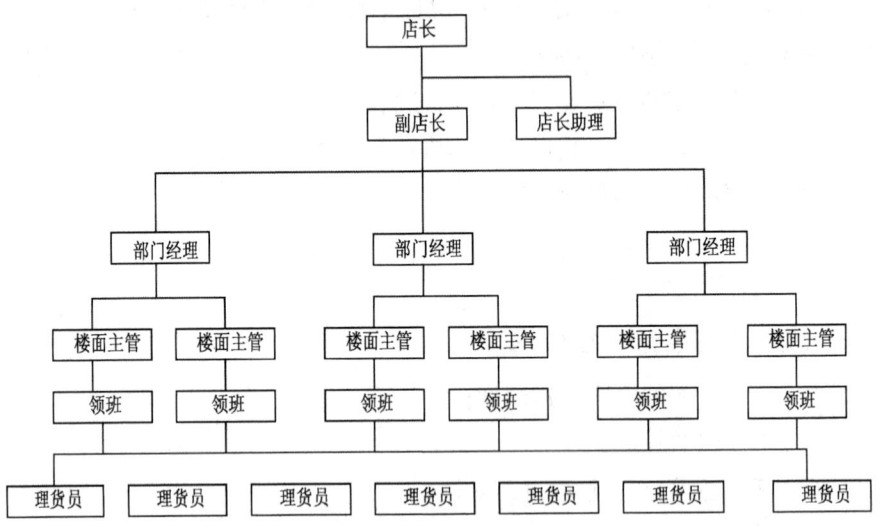

图 1.4　门店组织结构图 B

第三节　门店运营与管理的重要控制点

通常门店总部会从以下几个方面来对门店的运营质量进行控制,这些方面是门店经营管理的基本方面。

一、商品布局与陈列的控制

（一）商品布局控制

有效的商品陈列是从合理的卖场布局开始的。商品陈列要达到无需经过语言就能与消费者进行有效沟通的效果。商品布局必须充分利用有限的资源,规划和实施卖场的总体布局,最大限度地吸引顾客购买和便利顾客购买。

连锁企业各门店的商品布局,是根据总部统一的商品布局图与配置表来实施的,它可以反映出连锁企业的商品经营策略和经营目标。如果门店改变了总部所规定的商品布局规范,就无法实现连锁企业统一的营业目标。

（二）商品陈列控制

门店根据总部统一的商品布局与配置规划本店的商品布局,实际上已经确定了本门店中各类商品的配置结构比例以及每种商品合理的配置位置。

连锁企业应该根据统一的商品陈列规范,对门店中各品类商品的具体陈列风格、方式与方法进行指导和控制,并通过日常督导来确保统一陈列规范在所有门店的贯彻与落实。

二、商品缺货率的控制

"缺货是营业最大的敌人",缺货使顾客的需求无法获得瞬时满足,而且还会导致顾客流失。如果卖场经常存在缺货现象,顾客一定会流失,营业额自然会大幅度下降。

对于连锁企业而言,门店缺货现象除了影响门店销售外,还会影响整个连锁企业的品牌形象。因此,有效地控制门店的商品缺货率,就成为连锁企业总部对门店的重点控制内容之一。

商品缺货率的控制比例根据各个连锁企业所在的行业、所处的业态水平、管理水平和控制目标来决定。一般来说,连锁商超类企业,通常的缺货率标准为2%之内。

三、盘点控制

盘点是判断门店经营管理状况的重要手段,在连锁企业门店中,盘点作业是繁杂、耗时、耗力的作业。鉴于上述原因,连锁企业总部会对门店盘点作业的全过程进行严格监控。

(一)总店统一制定盘点制度

(1)盘点的方法;

(2)盘点的周期;

(3)账务的处理规定;

(4)盘点差异的处理方法;

(5)对盘点结果的奖惩措施。

(二)总部统一组织部署盘点实施

(1)总店统一部署各门店的盘点任务;

(2)由总部统一对各门店进行盘点指导与培训;

(3)在门店盘点前,总部负责检查准备状况;

(4)在盘点过程中,总部派驻人员进行现场监督,检查盘点作业程序是否合乎标准。

(三)总部通知安排复盘与抽查

(1)总部建立盘点的抽查与复盘制度;

(2)总部随机选择一定数量的门店或者项目进行复盘;

(3)总部可对门店实施临时性不通知的抽查盘点;

(4)对于抽查或者复盘的门店或者项目,由总部指派人员单独进行。

四、单据控制

连锁企业总部对单据进行控制的主要目的是防止舞弊,同时也可以控制违规签单、违规保管、违规走单,保证货单一致,保证核算的准确性和供应商的利益。

在连锁商超企业的日常运作中,常用的单据主要有新产品采购/进货申请单、商品验收单、商品配送单、商品退货单、商品调拨单等。

连锁总部通常会制定严格的单据管理流程,对总部与门店之间的单据往来进行严格约束,明确使用标准和相关责任人。总部对单据的控制,主要可以通过以下几方面的制度来完成:

(1)单据的填写;

(2)单据的审核;

(3)单据的验收;

(4)单据的处理;

(5)单据的保管;

(6)单据的流转。

五、损耗控制

总部通过盘点控制可以确保门店盘点作业流程的正确,但对门店商品保管工作水平的衡量,需要通过规定量化的损耗率来实现。损耗率是指短缺以及损耗商品在商品总额中所占的比重。对于一般的连锁商超来说,损耗率一般控制在5‰。

损耗率水平代表了门店人员管理水平的高低以及责任感的强弱。总部除了制定出该指标的具体标准外,通常还需要制定相应的奖惩制度。

六、服务质量控制

(一)建立详尽的服务规范

标准化是连锁经营的基本原则之一,对于服务质量这一事关企业生死存亡的基础工作,连锁总部势必会制定出详尽的标准化服务规范。随着连锁企业规模的不断扩大、门店数量的逐渐增加,服务方面的经验也会随之增长,连锁企业总部应不断地修订和完善服务规范。

(二)服务意识的培训与督导

连锁企业需要通过持续的培训和督导来不断增强员工的服务意识。一般来说,新员工的入职培训与岗前培训,都由总部集中统一进行,服务意识与服务规范就是其培训的重点内容。同时,督导人员还会在门店对员工尤其是新员工进行相关的现场督察与指导,帮助员工强化服务意识。此外,连锁总部还会通过多种的方式来激励先进、帮助后进,不断提升全员的服务意识,提高服务质量。

(三)明察暗访的检查机制

服务质量是现代连锁企业的核心竞争要素,没有任何一家连锁企业不重视服务质量。总部可以通过明察和暗访的方式来控制门店的服务质量。

明察是指总部相关人员定期或者不定期地对门店进行考察,暗访则更多的是由总部聘请的独立第三方机构以"神秘顾客"的方式出现。

七、经营业绩控制

由于经营技术的发展和门店规模的扩大,店铺的管理模式与管理方式正在发生一系列变化,其中最明显的一点是管理依据发生了变化,从单纯依靠经验判断发展到了依靠数据分析,店铺里的几千种甚至上万种商品以及千变万化的商圈环境和顾客需求,单靠人的经验判断会经常出现误判,导致经营损失。因此,现代的门店管理者必须及时关注门店运营信息,并学会应用数据和分析工具来进行业绩管理,否则就不是一个合格的管理者。

复习题

一、简述题

(1)连锁门店的分类有哪些?
(2)连锁门店的特征有哪些?
(3)连锁门店的组织结构有哪些类型?
(4)连锁门店的经营指标有哪些?

二、案例分析题

家得宝撤出中国　家居连锁大衰败

美国家得宝公司为全球领先的家居建材用品零售商,是美国第二大零售商,其连锁商店遍布美国、加拿大、墨西哥和中国等地,数量达 2 234 家。家得宝连续 9 年被美国《财富》杂志评为"最受欢迎的专业零售商";并在

2007年美国财富500强中排名第17位,2006年全球财富500强中排名第43位,同年被美国《财富》杂志评为"最受仰慕的专业零售商"第1位以及"最受仰慕的公司"第13位。

家得宝公司于2006年年底,收购天津家世界家居,成功登陆中国市场。家得宝曾经在北京拥有两家门店,分别位于南三环成寿寺和西四环郑常庄。但自2009年5月起,家得宝中国陆续关闭了青岛店、北京分钟寺店、沈阳店、天津东丽店和北京西四环店。

2009年,青岛店和沈阳店关门;

2010年,北京分钟寺店、天津东丽店停业;

2011年,北京店关门,退出北京市场;

2012年9月,关闭在中国的所有门店(共7家),彻底退出中国市场。

这是继百思买之后,又一个美国零售大佬退出了中国市场。而家得宝此次败走中国,再一次挑动了整个家居行业脆弱的神经。

"我们只是做出重大战略调整,没有退出中国市场。"家得宝中国公司有关人士表示,该公司确实决定关闭其在天津、西安、郑州等地的7家大型零售商店,但此举是为了专注发展专业零售店和网上销售。这话和百思买退出中国市场时如出一辙。

其实家得宝全球总裁Frank Blake早已预测到其在中国的溃败。他此前曾表示:"我们在中国还没找到正确的盈利模式,中国市场对DIY家居建材需求不够。未来,我们要么找到在中国盈利的方式,要么离开中国。"

在中国发展了6年,未开出一家新店的家得宝最终选择了后者——离开中国。

至于善后,家得宝中国已经发表声明,消费者可以通过3部客服热线进行咨询。家得宝在天津4家门店安排了专人,根据不同情况,采取退款、送货、退货、继续施工等措施,按照合同约定承担相应责任,并继续承担产品保修责任等。

家得宝用了6年时间也没有适应中国市场,专家分析,一方面,欧美人力成本高昂,大多数家庭会选择自己装修,即DIY,并享受其中的快乐,但是在中国,消费者在家装方面一向都是雇工人装修,几乎没有人会像美国消费者那样,自己回家组装。

另一方面,价格并不是家得宝的优势。消费者仍然习惯于到家得宝等建材超市比较材料价格,然后再到当地的建材城"淘"那些品类相同、价格更低的建材产品。

"家得宝和消费者就不在一个频道上,家得宝做到最后成了材料体验馆,消费者体验完了拍屁股走人。"作为竞争对手,东方家园一位离职员工这样说。而除了东方家园,家得宝面临的竞争对手还有很多,包括同为"外来户"的百安居。

思考题:导致家得宝公司退出中国的原因有哪些?

本章小结

本章主要讲解了连锁门店的含义和主要分类,总结了连锁门店的三大主要特征;分析了连锁门店的八大主要职能,以一家普通连锁超市门店为例讲解了连锁门店的组织结构;最后重点分析了门店运营与管理的七大重要控制点。

第二章

门店店长岗位认知

学习目的与要求

通过本章的学习,掌握门店店长的角色和职责,以及作为店长应具有的素质要求;对店长的日作业流程、周工作流程、月作业流程有全面的认识。

关键词

店长角色　店长职责　作业流程

| 导入案例 |

店长执行力

在北京的各居住小区,只要你走进福奈特洗衣服务有限公司(以下简称福奈特)的门店,会享受到标准统一的服务。在北京众多服装清洗行业品牌中,这已经成为福奈特的标签之一。而统一的背后,是独特的"店长执行力"培训系统在支持。在福奈特的门店里,核心队伍不仅有投资的老板,更有负责"上传下达"的店长,后者才是门店执行力的灵魂人物。位于北京市西城区的福奈特总部二层,可容纳100多人的住宿培训室中,很少有空铺腾出。培训室设有初级班、中级班、高级班、前台班、技术班、技术提高班、店长班。每年,有近千人次的培训在这里进行,他们来自各个加盟店或直营店。在"店长特训营"里,他们讲课用的PPT中,有面对顾客时的"马斯洛需求分析",有"学习海底捞的服务",培训师会和店长就某一个问题进行探讨……

与传统的门店收活、中央工厂集中清洗的洗衣店不同,福奈特在经营中全部采用"前店后厂"的透明式经营,平均每家店的投资额在60万元以上。目前,在400多位加盟商中,有25%以上的加盟商又陆续开设了二店、三店……甚至六店,店铺数量也以每年几十家的速度持续发展着。目前福奈特在全国共有603家门店,其中544家是加盟店。如何保证这些加盟店的服务统一,一直是福奈特总经理朱丽筠思考的问题。从一开始,福奈特就知道推进其店长"执行力"并不是一件简单的事。"不管你是如何优秀的一名店长,来到'福奈特店长训练营',你就是一个空着的杯子。"这是福奈特在为期7天的店长训练日程中第一天的培训主题。

把福奈特洗衣店开进北京复兴门金融街的加盟商曹文,就有这样的"抵触"经历。她告诉《中国经营报》记者,她和她的合伙人王岚在2002年2月开设第一家万柳路店时,两姐妹不辞辛苦地跑到宜家买了一套2 000多元的藤椅,摆在店里,并没有采用福奈特统一的店内摆设。可是在2002年末,福奈特总部在做加盟店标准"规范化检测表"时,提出要她们更换福奈特统一从国外进口的椅子。曹文很委屈地说,虽然公司进口的椅子只有1 000多元,但是她们还是觉得自己购置的藤椅更温馨,不愿意更换,双方为此争执了一年多。

其间,在金融街一家证券公司有着10多年从业经历的曹文,多次给公司写传真,说明自己坚持的理由。但是,这一切努力没有使公司松动,反而公司在"给顾客安全感"上说服了曹文。朱丽筠认为,当一个品牌被定型之后,对它的任何改动都会给消费者带来模糊、混乱的印象,因此规范管理在福奈特特许经营里就成了一条"铁"的纪律。很长一段时间,福奈特总部的工作重心之一就是规范化标准的制定和与加盟商的沟通,让加盟商接受这种理念并能完全按照统一的标准去执行。现在,曹文和王岚已经开了4家福奈特洗衣店,并参股了2家店。曹文向记者解释,她的店长都是多面手,而且对店里各种业务很娴熟。福奈特鼓励店长成为洗衣店的多面手,在人员不足或活儿多的情况下,可以用来补缺。同时,还倡导在员工中引入竞争与晋级机制,每年利用淡季时间,开展形式多样的技术比武大赛、开办中级技师提高班等,帮助他们实现自我价值,既激发了员工的上进心,也增强了员工在技能上的执行力。

资料来源:郭白岩,《中国经营报》。

思考题:如何充分发挥好店长在门店运营管理中的作用?

门店店长是门店的总负责人、代表者、执行者、管理者、指挥者、鼓动者、协调者和控制者。店长是一线的指挥,他对经营方式和销售情况的好坏了如指掌,有最直接、最深刻的体会。总部无法了解到每月下达的指标的可行性,也无法了解到有哪些经营方式是不适于门店的,因此适当下放权力给店长,让店长及时汇报所想所感,共同参与企业的经营,将会使门店和公司都受益。真正的店长不再是销售在第一线,不再是站在柜中做报表,其现代工作模式是管理。

对店铺——店长是灵魂人物,等于我们人体的大脑,指挥身体的各部分活动;

对公司——店长是桥梁,负责员工与公司之间的上传下达;

对员工——店长是树干,树枝(员工)通过它给予树根(公司)氧气,树根通过它给予树枝水分及营养;

对市场——店长是眼睛,将外界信息及时地反馈给公司、员工。

第一节 店长的主要职责

一、店长的角色和职责

(一)店长的角色

对连锁企业而言,门店作为企业的窗口,起着举足轻重的作用。

1. 代表者

店长代表连锁企业处理与顾客、社会有关部门的公共关系,同时店长也是门店员工利益的代表者,负责与连锁总部的沟通与协调。店长的职业修养、精神面貌和业务能力,在很大程度上代表了连锁企业整体的经营管理水平。

2. 责任者

店长必须承担销售任务,是业绩的责任者。还有一个关键责任,那就是门店的安全责任。

3. 执行者

店长是公司政策的执行者。公司的人事制度、营销计划、价格政策以及对门店日常工作的基本要求,都必须通过店长进行分配、执行和检查。

4. 规划者

在门店管理中,这个角色往往被忽视,而更多地强调执行的角色。例如:公司的营销政策,到了门店店长的手上,店长需要制订好执行的方案,这同时也是一个规划的过程,需要根据各门店商圈环境的不同,根据季节的不同和竞争店的反应调整计划。既要能带领团队冲锋陷阵,也要运筹帷幄。

5. 指挥者

这点是门店店长现场管理的基础。试想门店一天的工作是如何开始的:在准备工作做完开店迎客之前,相信很多店长都会开早会,总结昨天的销售情况,分享成功销售的经验,分配当天的工作。店长的作用就像百米赛跑的发令官。

6. 鼓动者

门店每天的工作大部分都是重复工作。人如果每天做重复的工作就会倦怠。这时候，就需要店长到卖场对员工说些鼓励的话，甚至做一些出人意料的激励行为。我们经常说从一个店的状况可以看出一个店长的性格，一个性格开朗的店长带出的门店是积极和欣欣向荣的；相反，一个死气沉沉的门店后面一定有一个不够"阳光"的店长。

7. 协调者

门店内部经常会出现部门之间抢资源的现象，造成这一现象的原因有销售人员之间的矛盾等，这时候需要店长从全局考虑，扮演好协调者的角色。

8. 控制者

检查是控制最好的手段。门店的营运水平是要通过检查来保持的。比如在检查时发现地上有一摊水，收银台有顾客"排长龙"等现象……对此有的店长一脸的委屈：好的时候领导看不见，一有问题领导就出现。其实，一些看似"不出彩"的事情，恰恰说明了店长的控制力不够。

9. 教导者

有的店长常常抱怨现在的员工没有以前听话，管理人员水平也不够，往往还会将出现问题的原因归结为公司人力资源部门的培训不够。其实对门店的员工或基层管理者的培训，最好的方式就是现场培训，随时、随地对员工加以指导。店长也要将自己长期的经验总结为成体系的教材，这是店长自我提升的一种方式。同时，店长培养人才，是建立职场关系的一个好的方法。总之，不会培训员工的店长不是好店长。

10. 分析者

店长要改掉只会"喊打喊杀"的大哥形象，学点财务知识是必需的。除了现场管理的能力外，还要会算账，知道门店赚在哪里、亏在什么地方、损耗是否过高，这样的店长才是会经营的店长。到了这样的层次，店长离提升就不远了。

店长要扮演十大角色，似乎要求多了一些。但一家门店其实就是一间公司的缩影。一间公司的总经理管理的是公司的人、财、物,商品的进、销、存;店长管理的是门店的人财物、进销存。从职业生涯的角度看,店长更有机会成为公司的业务领导,因为他们已经接受过实践的考验。事实上,零售企业的老总大部分都是有店长的管理经验的。

(二)店长的工作职责

店长的工作职责表明了店长的工作内容和职能范围。作为一个合格的店长,了解店长的工作职责是基础,严格按照店长的工作职责去开展自己的工作是做好门店管理和运营的基础性要求。下面介绍店长的工作职责:

1. 执行上级指令

店长应传达、执行总公司的各项指令和规定,完成总公司下达的各项经营指标,包括营业目标、毛利目标、费用目标、利润目标等。

2. 对门店职工进行安排与管理

店长负责考勤簿的记录、报告,依据工作情况分配人员,对门店职工的考勤、仪容、仪表和服务规范执行情况进行监督与管理。

3. 监督与改善门店各部门个别商品损耗管理

店长应针对本门店的主要损耗商品进行重点管理,将损耗降到最低。

4. 监督和审核门店的会计、收银等作业

店长要做各种报表的管理,例如,店内的顾客意见表、盘点记录表、商品损耗记录表和进销商品单据凭证等,以加强监督和审核门店的会计、收银等作业。

5. 掌握门店销售动态,向总部建议新商品的引进和滞销商品的淘汰

店长要掌握每日、每周、每月的销售指标的完成情况,并按时向总部汇报门店销售动态、库存情况以及新产品引进销售状况,并对门店的滞销商品淘汰情况提出对策和建议,帮助总公司制订和修改销售计划。

6. 维护门店的清洁卫生与安全

(1)店内设备完好率的保持;设备出现故障的修理与更换;冷冻柜、冷藏柜、收银机等主力设备的维修等。

(2)门店前场与后场的环境卫生。按区域安排责任到人,由店长检查落实。

(3)在营业结束后,店长应对店内的封闭情况、保安人员的到位情况、消防设施摆放情况等主要环节做最后的核实,确保安全保卫工作万无一失。

7. 教育、指导工作的开展

教育指导员工自觉遵守公司规范,积极开展细致的思想工作,协调人际关系,使员工有一个融洽的工作环境,增强门店的凝聚力。

8. 职工人事考核以及职工提升、降级和调动的建议

店长要按时评估门店员工的表现,实事求是地向企业总部人事主管提交有关员工的人事考核、提升、降级和调动的建议。

9. 顾客投诉与意见处理

要满足和适应消费者不断增长和变化的购买需求,正确对待、恰当处理顾客的各种各样的投诉和意见。同时,保持与消费者经常性的沟通与交流,深入居民或顾客中倾听他们的意见和要求,随时改进门店的工作。

10. 其他非固定模式的作业管理

如果门店内突发意外事件,比如火灾、停电、盗窃、抢劫等,店长应迅速判断情况并予以处理。

11. 各种信息的书面汇报

有关竞争店的情况、顾客的意向、商品的信息、员工的思想等各种信息,应及时用书面形式向总公司汇报。

二、店长的素质要求

(一)心理素质

1. 热情

店长在面对工作时必须要有高度的热情与激情。

2. 积极

积极地面对所有事物,这是企业发展时最需要的店长。

3. 开朗

开朗的人才能聚集众人,带领众人。门店需要能够使店里充满欢愉、和

谐气氛的店长。

4. 感性

这里的感性是指富有人文关怀,对员工充满爱心,对消费者体贴入微。

5. 协调性

共同作业的基础在于协调性,不管是对直属上司还是顾客或供应商都必须具备协调性。

6. 责任感

店长要对若干下属员工及门店内商品负责,没有强烈的责任感绝对不行。

7. 不屈不挠

一个人的生活工作不可能永远顺利,身为管理者一定要不畏困难,具有坚毅的品质。

8. 归属感

热爱工作、团队,把门店当成另一个家,这是作为店长的力量源头。

(二)个人能力

1. 思考力

更广、更深一步地思考。思考不足的行动可能会失败。

2. 判断力

正确、迅速地做出判断。愈是上司不在,判断愈显得尤为重要。

3. 领导力

必须能调动、激发员工的工作积极性,具备指导员工的领导力、统御力,能正确处理人际关系。

4. 指导力

能够正确指导员工"前进""停止""应该如此",这是让员工达成业绩目标的力量。

5. 设定目标

设定工作目标并落实到人,这是带领团队的重点。

6. 说服力

具备让对方理解、接纳自己的想法和计划的能力,说服力是打动一个人最大的武器。

7. 应变能力

能基本应对突发事件和意外争执,能对各种状况做适当的处理。

8. 情报收集力

广泛收集情报资料,并筛选出必要、有益的情报。

9. 行动力

失败通常是因为不行动,适时行动是店长应具备的素质。

(三)专业知识

产品知识——常规性产品、季节性产品知识;

服务技巧——服务标准、优质服务技巧;

销售技巧——销售服务流程、针对性销售技巧;

陈列知识——基本陈列知识、常规陈列技巧、季节性陈列标准;

财务知识——基础财务知识、公司账务要求。

| 拓展阅读 |

店长作为"工作管理者"容易失败的原因

(1)没有独创理念;

(2)无法掌握情势的变化;

(3)无法思考又欠缺果断;

(4)无法得到相关部属的协助;

(5)无法完成日常业务;

(6)无法如期完成计划;

(7)无法圆满地授权;

(8)和部属接触不足;

(9)无法掌握部属的心态。

第二节　店长的作业流程

一、店长日作业流程

连锁门店的店长根据门店的实际运营状况,制定合理的作业流程内容。其目的在于提高门店的管理绩效,在有限的时间内把握门店运营的管理重点。

（一）营业前作业

1. 店员的报到

店长每天应提前15分钟到店,做店员的签到和考勤,查看交接记录及营业状况,待人员到齐后召开店员会议。

2. 早会

早会由店长主持,所有店员必须参加。内容包括:

(1) 检查仪容仪表;

(2) 总结前一天的销售状况和工作;

(3) 介绍今天的销售计划,提出当日的销售目标;

(4) 提出当日的工作要求、服务要求、纪律要求、卫生标准、顾客的反馈意见;

(5) 注意每位店员的情绪,调节好他们的工作状态;

(6) 针对新员工进行工作的安排;

(7) 传达上级的工作要求;

(8) 鼓励表扬优秀店员;

(9) 指导清理店内的卫生,分区进行;

(10) 指导收银员准备工作;

(11) 店长带领店员高喊企业口号,迎宾气氛一定要活跃,表情自然亲切。

（二）营业中作业

(1) 巡视卖场,检查清洁工作,带领员工向顾客打招呼,并检查补货;

(2)注意整个卖场的气氛；

(3)每隔一定的时间到收银处察看营业状况,对照以往情况进行分析,并及时提醒和鼓励店员；

(4)注意店员的休息和工作状态,切勿安排同一班组人员同时休息或频繁休息；

(5)空闲时间可请店员介绍商品价格、特点、材料等基础知识；

(6)指导店员及时整理货物、打扫卫生。

（三）营业后作业

(1)总结当天的销售状况,核对是否完成了今天的目标；

(2)分析并解决相关的问题,提出相应的策略；

(3)整理顾客购物跟踪反馈信息；

(4)完成各种报表；

(5)货物的清点和补充；

(6)清洁货场和安全检查。

二、店长周作业流程

店长周作业流程如表2-1所示。

表2-1 连锁店长周日程表

工作日	工作内容
星期一	1. 早8:30~10:00,店内工作总结、店务整合、确定本周目标计划 2. 参加例会,在总公司汇报上一周的业绩
星期二	安排总公司例会的工作要求事项,检查商品陈列及保质期
星期三	早8:30~9:10,店内卫生大扫除,重点安排店内物品及各个墙角的清洁
星期四	1. 检查周顾客档案填写规范性、完整性 2. 重点跟踪售后顾客的调理效果,及时调整调理方案 3. 检查缺货率,进行市场调查
星期五	1. 店内顾客资料信息汇总与分析 2. 着重分析重点顾客 3. 整理店务
星期六	1. 进行库存分析 2. 检查备货状况

续表

工作日	工作内容
星期日	1. 填写周分析表 2. 总结一周管理状况 3. 周客流分析 4. 制订下周销售目标及工作计划

三、店长月作业流程

店长月作业流程如表 2-2 所示。

表 2-2 连锁店长月度工作计划表

周期	工作内容
第一周	考核周——进行上月工作总结,制订下月工作计划 1. 月销售报表 2. 月促销活动总结与分析 3. 经营状况分析
第二周	经营周——库存分析,监督检查本月工作状况
第三周	服务周——员工绩效考核与分析
第四周	总结周——市场调查与竞争对手分析

复习题

一、简述题

(1)门店的作业管理有哪些内容?

(2)门店店长的主要职责有哪些?

二、案例分析题

在某分店开业初期的一段时间,农产品月销售额一直完成较差,月销售目标是××万元,但只完成了月销售目标的70%,离销售目标还有一定的差距。为此,店长召集农产部门主管专门开了一个研讨诊断会,对存在的问题进行了细致诊断,主要集中在以下几点:①卖场顾客少;②员工士气不振;③顾客反映农产品价格偏高、品种少、品质不稳定;④员工基本不在店内购买农产品。在出现以上问题后,店长对存在的问题进行了成因分析,发现顾客少的原因是店内的农产品未能真正起到吸引顾客的作用,的确像顾客反映的那样,农产品价格偏高、品种少、质量不稳定等,而员工士气不振是由于开业几个月以来,销售一直处于不佳状况,每个月都要扣罚奖金。

在了解了原因后,该店店长一边向公司汇报,一边采取了以下措施:

(1)农产品价格偏高,是由于供货渠道出现了问题。这家分店处于二线城市,但由一线城市供应商供货,故出现价格偏高的状况。对此,该店调整采购策略,取消一线城市供应商供货,由本分店定点自行在当地采购部分农产品,这样就解决了价格偏高的问题。

(2)农产品品种少,是由于由一线城市供应商供货,该分店路途遥远,供应商不愿意多送货,只能按供应商提供的品种订货,从而造成农产品品种稀少,而且发生过在农产品市价上升的时候,供应商少送货或缺货的现象。对此,采用自采方式后,增加了农产品品种,同样解决了上述的问题。

(3)产生农产品质量不稳定的状况,是由于:①异地送货时间长,鲜度下降;②缺少对农产部门员工的培训,造成员工验货标准不一;③销售不好,农产品周转慢、鲜度下降。对此,进行自采后,也解决了送货时间长、农产品鲜度下降的问题。

由于从根本上解决了供应商供货的问题,从而解决了销售差、品种少、品质差等问题,并最终解决了员工的士气问题,大大提高了员工的工作积极性,月销售状况一月比一月好。

思考题:作为一个店长,要把门店经营好,应该具备怎样的意识和能力?

本章小结

本章分析了店长的十大角色及其主要的十一项工作职责;从店长的心理素质、个人能力、专业知识方面分析了店长的素质要求,并详细讲解了店长的日作业流程、周作业流程和月作业流程。

第三章

门店布局与陈列管理

学习目的与要求

通过本章的学习,掌握门店布局的原则与方式,会运用磁石点理论;掌握门店陈列的原则与方法。

关键词

布局　陈列　磁石点

第三章 门店布局与陈列管理

导入案例

宜家家居的卖场布置

一、宜家家居简介

宜家家居于1943年创建于瑞典,"为大多数人创造更加美好的日常生活"是宜家公司自创立以来一直努力的方向。宜家品牌始终致力于提高人们的生活质量,并秉承"为尽可能多的顾客提供他们能够负担、设计精良、功能齐全、价格低廉的家居用品"的经营宗旨。在提供种类繁多、美观实用、老百姓买得起的家居用品的同时,宜家努力创造以客户和社会利益为中心的经营方式,致力于环保及社会责任问题。

目前,宜家家居在全球38个国家和地区拥有310个商场,其中有8家设在中国内地,分别在北京、上海、广州、成都、深圳、南京、大连、沈阳。宜家的采购模式是全球化的采购模式,它在全球设立了16个采购贸易区域,其中有3个在中国内地,分别为华南区、华中区和华北区。宜家在中国的采购量已占到总量的18%,排名第 。目前,中国已成为宜家最大的采购市场和业务增长最重要的空间之一,在宜家的全球战略中具有举足轻重的地位。

二、宜家家居特色

宜家提供了种类繁多、美观实用、价廉物美、极富创意的家居用品,采用与人们的需要和品位相符的生产方式,最大限度地使用原材料,以低价格制造优质产品,价格更为实惠、亲民。

三、宜家家居之卖场环境

一到宜家,人们就会被其细致周到、人性化的服务所感动。宽大的自动旋转门旁摆放着毛绒玩具和促销海报,商场楼层指南清晰明了。进入商场前会有工作人员在扶梯口递给你黄色的购物袋,当然如果有大件的物品也可以选择更为方便的手推车。

各个家居区都能找到中英文单页介绍,里面的内容包括了每层的购物路线、区域产品导购、商场便捷服务信息,最重要的是"我的购物清单",可以一边逛宜家，一边把自己想要的产品记录在购物清单上，以自行提取商品，宜家还细心地提供了铅笔和 1 米长的简易尺，充分为顾客着想。

一层是家居用品超市，有点类似于仓储店，主要售卖厨房用品、纺织品、地毯、浴室用品、储物与收纳盒、灯具、装饰品等小件的家居软装产品。整个商场布局分类清晰、产品种类丰富。宜家的产品充满了创意，样式时尚新颖，既有设计感又简单实用，不论你想到的或是没想到的，都能在宜家找到，深受年轻人的喜爱。

一楼产品分类明细：

（1）厨房用品。烹调器皿、刀叉、玻璃器皿、刀具和砧板、杯具与餐具、炊具。

（2）纺织品和地毯。靠垫、布料、床上用品、枕芯和枕套、被芯和被套、地毯、桌布。

（3）浴室用品。浴室配件、毛巾、浴室家具、浴帘、浴室防滑垫。

（4）储物与收纳。衣物收纳、CD/DVD 储物系列、储物盒、隔板和托架、垃圾桶、洗浴用品、办公配件、闹钟和挂件。

（5）灯具。台灯和工作灯、落地灯、吊灯、壁灯和射灯、灯泡和配件。

（6）装饰品。画和画框、蜡烛和烛台、花瓶、镜子、植物和花盆、藤制用品、宠物用品。

家具自提区也在一层，家具自提区是一个极大的仓库，可以根据产品标签上的货架号及提货位置快速地找到相应的产品，付款后就可以把它们带回家了。宜家家具都采用了平板式包装，用手推车能更方便地自行拿取货物。宜家的家具可不是一件成品，回家后还需要自行组装，不但乐趣无穷，也能与同伴共同分享劳动的成果。

宜家的一层还有一个充满北欧风情的儿童乐园，二楼餐厅也提供了营养卫生的儿童套餐，小朋友在宜家能玩得开心、充满乐趣，家长也能更加安心、放心。

二层是家具展示间，有各种不同风格的样板间，虽然每款的空间不大，但规划极其巧妙，充分利用有限的室内空间，布置精致的家居环境，丝毫不显局促，小户型的样板间也非常符合年轻人的"蜗居生活"。

宜家样板房给人的感觉就是舒适温馨，53 平方米二室一厅一厨一卫的空间虽小，然而通过宜家的布置，三口之家足以在这样的小屋里过上其乐融融的幸福生活。大约花费 1.8 万元就能搞定 20 平方米客厅的大部分软装，包括沙发、电视柜、餐桌、书橱、衣帽间等。

宜家厨房是宜家家居的一大特色，雄踞全球销量第一，只需要不到 2 500 元的价格就能打造一套全新的厨房，简约而不失功能性，有些设计还颇有新意，既能节省空间又能为厨房工作增添一份快乐。

二楼产品分类明细：

（1）客厅家具。沙发、沙发床、扶手椅、脚凳、茶几、门厅家具。

（2）客厅储物家具。书柜、CD/DVD 储物系列、展示储物系列、电视机柜。

（3）餐厅和厨房家具。厨房配件、橱柜、餐桌椅、餐厅储物系列、凳子。

（4）卧室家具。床、床边桌、抽屉柜、床垫、双层床和高架床、衣柜。

（5）家庭工作室和办公家具。工作台、电脑家具、办公储物、工作椅。

（6）儿童家具及用品。婴儿用品、儿童家具、儿童安全用品、儿童灯具、儿童床上用品、玩具。

（7）宜家俱乐部会员店。安全用品、旅行用品、休闲用品。

四、专家分析

据英国《每日邮报》报道，商店设计专家称，宜家"迷宫式"的商场布局是一种心理武器，在尽可能长时间留住顾客的同时还可从心理上迫使消费者进行冲动消费，购买更多的商品。

据伦敦大学学院建筑环境学虚拟现实中心主任阿兰·佩恩（Alan Penn）称，宜家的战略同一些郊区的购物中心类似，即尽可能长时间地留住顾客。虽然宜家商场内都有快捷通道，但顾客却很难找到出口，只能沿着内部设定好的通道去参观更多的商品。

由于"迷宫式"的线路令顾客很难找到走过的路，因此顾客在看到称心的商品时，就会放进购物车里，以免错过后再也找不到了。大量冲动消费也随之而来，如灯泡、煲锅等一些原本不想买的东西。

但宜家否认其店内设计是故意迷惑顾客。据称，宜家的展厅旨在给顾客展示很多不同的室内布局，包括厨房、卧室、客厅等。一些顾客会花一天的时间在宜家，欣赏各种不同的布局。同时宜家也欢迎提前在网上浏览过商品、有目的地前来快速购物的顾客。

资料来源：宜家被曝"迷宫式"设计故意滞留顾客促消费，中国新闻网，2011 年 01 月

24日10:45。

思考题:宜家家居的卖场设计有什么特色?对你有何启发?

第一节 门店布局

一、门店布局的原则

连锁门店是一个以顾客为主角的舞台,因此门店布局设计的中心思想就是要吸引顾客的关注,增加顾客的购买欲望。设计店面布局应遵循以下三条原则:

(一)吸引顾客

吸引消费者进入门店内部,并不断地在门店内走动,这是连锁商店需要做的基本工作。只有顾客进入门店,才可能有生意,才有营业的客观条件。

(二)留住顾客

顾客购物存在随机性和偶然性。根据市场调查,到门店购买预先确定的特定商品的顾客只占25%,而75%的顾客都是属于随机购买和冲动型购买者。因此,如何做到商品丰富、品种齐全,方便顾客发现商品、获取商品至关重要。

(三)明亮整洁的购物环境

顾客往往会把明亮整洁的购物环境与新鲜、优质的产品联系在一起。明亮整洁的卖场能给顾客创造良好的购物体验。为创造良好的购物环境,卖场必须将空间、灯光、色彩、音响效果等进行有机整合。

二、门店布局的方式

(一)格子式布局

格子式货架布局是传统的商店布局形式,格子式布局是指商品陈列货架与顾客通道都分段安排成长方形,主通道与副通道宽度各保持一致,所有货架相互呈并行或直角排列。这种布局在国外或国内超级市场中很常见,购物者在走道上推着购物车,转个弯就可以到达另一条平行的走道上,这直直的走道和90度的转弯,可以使顾客以统一方向有秩序地移动下去,犹如城市的车辆依道而行一样(见图3.1)。

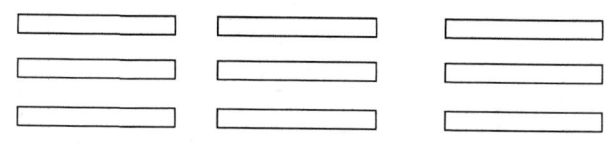

图 3.1　格子式布局

格子式布局的优点是:
(1)创造一个严肃而有效率的气氛;
(2)走道依据客流量需要而设计,可以充分利用卖场空间;
(3)由于商品货架的规范化安置,顾客可轻易识别商品类别及分布特点,便于选购;
(4)易于采用标准化货架,可节省成本;
(5)有利于营业员与顾客的交流,简化商品管理及安全保卫工作。

格子式布局的缺点是:
(1)商场气氛比较冷淡、单调;
(2)当人多拥挤时,易使顾客产生被催促的不良感觉;
(3)在室内装饰方面创造力有限。

格子式布局可以根据商店规模、卖场特点、顾客习惯而采用各种具体形式。常见的如超市、药店等大都采用格子式布局,以方便顾客购物。

(二)岛屿式布局

岛屿式布局是指在营业场所中间布置成各不相连的岛屿形式,在岛屿中间设置货架陈列商品。这种形式一般用于百货商店或专卖店,主要陈列体积较小的商品,有时也作为格子式布局的补充(见图3.2)。

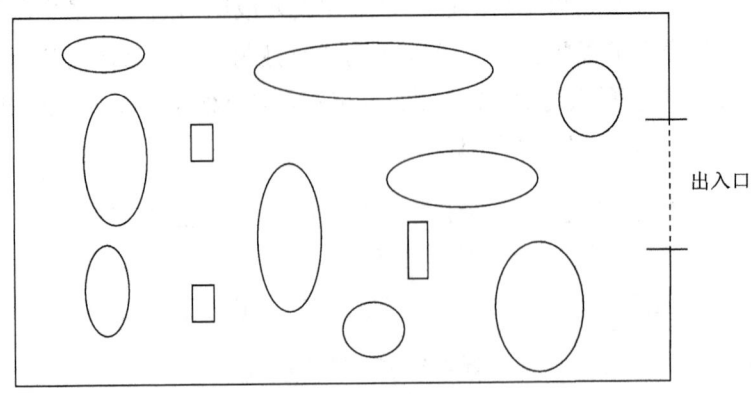

图 3.2 岛屿式布局

现在国内的百货商店在不断改革经营手法,许多商场引入各种品牌专卖店,形成"店中店"形式,岛屿式布局已逐渐被改造成专业店布局,这种布局是符合现代顾客需求的。专业店布局可以按照顾客"一次性购买钟爱的品牌商品"的心理进行设置。例如:顾客要购买某一品牌的皮鞋、西装和领带,以前需要走几个柜台,现在采用了专业商店式布局,在一个专柜内即可买齐。

岛屿式布局的优点:

(1) 可充分利用营业面积,在人流畅通的情况下,利用建筑物特点布置更多的商品货架;

(2) 采取不同形状的岛屿设计,可以装饰和美化营业场所;

(3) 环境富于变化,使消费者增加购物的兴趣;

(4) 满足消费者对某一品牌商品的全方位需求,对品牌供应商具有较强的吸引力。

岛屿式布局的缺点:

(1) 由于营业场所与辅助场所隔离,不便于在营业时间内临时补充商品;

(2) 存货面积有限,不能储存较多的备售商品;

(3) 现场用人较多,不便于柜组营业员的相互协作;

(4) 岛屿两端不能得到很好的利用,也会影响营业面积的有效使用。

专业商店式布局要依靠相互有关的商品,给顾客购买带来方便,在一个地方就能满足顾客的购买需求。

（三）自由流动式布局

自由流动式布局以方便顾客为出发点，它试图把商品既有变化又较有秩序地展示在顾客面前。自由流动式布局综合了格子式布局和岛屿式布局的优点，根据商场具体地形和商品特点，有时采用格子形式，有时采用岛屿形式，顾客通道呈不规则分布。专卖店、礼品店和精品店通常会采用自由流动式布局。

自由流动式布局的优点：

(1) 货位布局十分灵活，顾客可以随意穿行于各个货架或柜台；

(2) 卖场气氛较为融洽，可促使顾客的冲动性购买；

(3) 便于顾客自由浏览，不会产生急迫感，可增加顾客的滞留时间和购物机会。

自由流动式布局的缺点：

(1) 顾客难以寻找出口，难免心生怨言；

(2) 顾客拥挤在某一柜台，不利于分散客流；

(3) 不能充分利用卖场，浪费场地面积；

(4) 这种布局方便了顾客，但对卖场的管理提出了很高的要求，尤其要注意商品安全问题。

（四）斜线式布局

斜线式布局是指货架和通道呈现菱形分段的布置方法。

优点：顾客有更好的视线，可以同时看到更多的商品，能使卖场的气氛活跃，顾客的流动性不受拘束。

缺点：卖场面积不能充分得到利用。

在我国的实际应用中，在超市入口以及顾客频繁出入的地方通常采用标准布局，而在其他部分，则以自由流动式布局为主。

三、门店布局中磁石点理论的运用

(一)磁石点理论

卖场中最能吸引顾客注意力的地方称为磁石点,磁石点是顾客的注意点,在这样的地方配置合适的商品可以促进销售,并且这种配置能引导顾客逛完整个卖场,增加顾客的冲动性购买率。磁石点可以通过商品的配置技巧创造出来。

(二)磁石点理论的应用

第一磁石点位于卖场中主通道的两侧,是顾客必经之地,也是商品销售最主要的地方。此处配置的商品主要是:主力商品、购买频率高的商品、采购力强的商品,这类商品大多是消费者随时需要,又时常要购买的。

第二磁石点位于通道的末端,通常是在超市的最里面,负有诱导顾客走到卖场最里面的任务,以吸引顾客"逛"为目的。此处配置的商品主要是:流行商品,季节性强的商品,色泽鲜艳、引人注目的商品,需要特别突出的照度和陈列装饰,让顾客一眼就能辨别出其与众不同的特点,需要隔一定时间便进行调整。

第三磁石点指的是超市中央陈列货架两头的端架位置,可通过周期性的及时变化(一周最少两次)刺激顾客,以达到吸引顾客停留的目的。应配置商品为:特价商品、高利润的商品、季节性商品、购买频率较高的商品以及促销商品。

第四磁石点通常指的是卖场中副通道的两侧,是充实卖场各个有效空间的摆设,主要吸引顾客一段一段向前走,逛向卖场货架纵深处,提高顾客接触商品的机会。配置的商品主要有:流行及时尚商品、有意大量陈列的商品、广告效应强的商品等。

第五磁石点位于收银处前的卖场区域,是组织大型展销、特卖活动的非固定卖场,在顾客即将付款时再次引起其注意,以起到留住顾客的作用。此处可陈列随机购买性强的个人及家庭日常备用小商品,例如口香糖、图书杂志、棉签、创可贴等商品。

磁石点如图 3.3 所示。

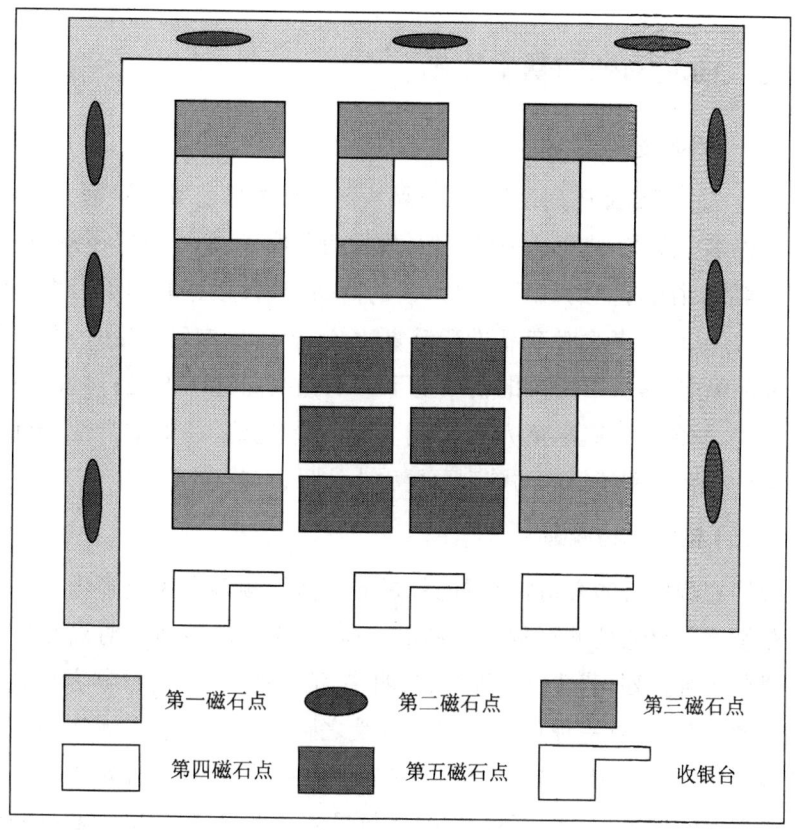

图 3.3 卖场磁石点

第二节 商品陈列

商品陈列是指以产品为主体,运用一定的艺术方法和技巧,借助一定的道具,将产品按销售者的经营思想及要求,有规律地摆设、展示,以方便顾客购买,提高销售效率。合理陈列商品可以起到展示商品、刺激销售、方便购买、节约空间、美化购物环境等重要作用。

一、商品陈列的基本原则

（一）容易选购原则

卖场在进行商品陈列设计时，必须从消费者的角度考虑问题，把容易选购作为根本出发点，使商品一目了然，排列简单明了，便于顾客了解，使顾客能够在最短时间内找到自己所要购买的商品，符合顾客的购买习惯。顾客在一家商店里，也喜欢对商品进行反复比较，卖场在陈列商品时，必须做到同类商品纵向排列，因为人的视线上下移动比横向移动方便；再者，同类商品的花样、颜色尺寸应尽量齐全，便于顾客进行选购；一些季节性、节假日、新商品的推销区和特价区的陈列更要引人注目，有艺术感。

（二）愉快购物原则

顾客在购物时的心情特别重要，好的心情使顾客有兴趣多看、多比较，进而使顾客不自觉地购买额外的商品。所以，卖场应该通过对商品进行巧妙科学的组合排列，营造出一种温馨、明快、浪漫的气氛，消除顾客与商品的心理距离，使顾客有一种可亲、可近、可爱之感。一要按整齐清洁的原则做好货架的清理工作，保持陈列商品干净、完整，有破损污物、外观不合乎要求的商品要及时撤下；二要在不影响整体效果的条件下，对局部的商品陈列随时进行调整，这样能给予顾客新鲜感。同时，卖场还应及时地向顾客介绍新产品、新项目、新功能等，以激发顾客的兴趣，引导人们消费。

（三）易见易取原则

易见就是要使商品陈列容易让顾客看见，一般以水平视线下方20°点为中心的上方10°、下方20°范围为容易看见的部分。因为卖场出售的商品绝大部分是包装商品，包装物上都附有商品的品名、成分、重量、价格等说明资料，商品的易见是销售达成的首要条件。陈列商品要做到以下几点：

（1）商品品名和价格标签要正面朝向顾客。实践证明，连锁超市的商品价格标签位置会对顾客挑选商品产生积极的影响，因此，规范打贴价格标签的位置十分重要。同时，价格标签位置的规范化，也为收银员提高收银速度创造了条件。所以，要做到贴有价格标签的商品的正面要面向顾客，在使用了POS系统的卖场中，一般都不直接在商品上打贴价格标签，所以必须准确制作该商品的价格牌并把位置摆放好。

（2）每一种商品都不能被其他商品遮挡住，货架下端不易看清的商品，可以采用倾斜式陈列。

（3）商品价目牌应与商品相对应，位置正确；标识必须填写清楚，产地名称不得用简称。

（4）进口商品应贴有中文标识。

易取就是要使商品陈列容易让顾客触摸、拿取和挑选，这就对陈列商品的货架的高度提出了较高要求。货架高度可分为五段：

（1）中段为手最容易拿到的高度，男性为 70~160 厘米，女性为 60~150 厘米，这个高度被称为"黄金位置"，一般用于陈列主力商品或门店有意推广的商品。

（2）次上端为手可以拿到的高度，男性为 160~180 厘米，女性为 150~170 厘米，一般用于陈列次主力商品。

（3）次下端同样为手可以拿到的高度，男性为 40~70 厘米，女性为 30~60 厘米，主要用于陈列次主力商品。次下端陈列的一般都是顾客需曲膝弯腰才能拿到的商品。

（4）上端为手不易拿到的高度，男性为 180 厘米以上，女性为 170 厘米以上，一般用于陈列低毛利、补充性和体现量感的商品，还可以有一些色彩调节和装饰陈列。

（5）下端男性为 40 厘米以下，女性为 30 厘米以下，其所陈列的商品基本与上端相同，常用于陈列成箱包装的商品。

另外，为符合易取的原则，还要做到在陈列商品时与上隔板之间留有 3~5 厘米的空隙，让顾客的手容易进入。如果不留空隙，顾客在选择商品时就会感到不方便。

（四）丰富丰满原则

门店商品做到放满陈列，可以给顾客一个商品丰富、品种齐全的直观印象。同时，也可以提高货架的销售能力和储存功能，还相应地减少了卖场的库存量，加速商品周转速度。有资料表明，放满陈列可平均提高 24% 的销售额。

（五）先进先出原则

先进先出原则也叫做前进陈列原则。当商品第一次在货架上陈列后，随着时间的推移,商品就不断地被销售出去。这时就需要对商品进行补充陈列。补充陈列要遵循前进陈列的原则来进行。

首先,要将原先的陈列商品取下来,并擦干净货架,再将新补充的商品放在货架的后排,原先的商品放在前排。因为商品的销售是从前排开始的,为了保证商品的有效期,补充新商品必须从后排开始。其次,当某一商品即将销售完毕时,暂未补充新商品,这时就必须将后面的商品移至前排陈列销售,绝不允许出现前排空缺的现象,这就是前进陈列的原则。如果不按照先进先出的原则陈列商品,那么后排的商品将会永远卖不出去。食品类商品都是有保质期的,因此,采用先进先出的方法来进行商品补充陈列,可以在一定程度上保证顾客购买商品的新鲜度,这也是保护消费者利益的一个重要方面。卖场在大量销售了商品后,随之而来的就是做好陈列补充工作。

(六)关联性原则

这是卖场商品陈列中特别需要强调的一个重点问题。所谓关联性要求是指把分类不同但有互补作用的商品陈列在一起,例如,把肥皂和肥皂盒陈列在一起,其目的是使顾客能够在购买了A商品后,也顺便购买陈列在旁边的B商品或C商品。关联陈列法可以使卖场的整体陈列灵活化,同时也可增加顾客购买商品的数量。

二、商品陈列方法

商品陈列方法主要分为货架陈列法和橱窗陈列法两大类。

(一)货架陈列法

1. 集中陈列法

集中陈列法就是把同一种商品集中摆放在一个地方的方法。这种方法是超级市场商品陈列中最常用的一种方法。

2. 整齐陈列法(量感陈列法)

整齐陈列法是指将单个商品整齐地堆积起来的方法。只要按货架的尺寸确定商品长、宽、高的排面数,将商品整齐地排列在货架上就可完成陈列(见图3.4)。

图 3.4　整齐陈列法

3. 随机陈列法

随机陈列法是指将商品随机堆积的方法。与整齐陈列法不同,随机陈列法不用讲求陈列造型或图案,所占的陈列作业时间很少。

4. 盘式陈列法

盘式陈列法实际上是整齐陈列法的变形,它不像整齐陈列法那样将商品从包装纸箱中一件一件取出,再整齐地堆积起来,而是将包装纸箱底部以上的 2/3 部分剪掉,以底为盘,以盘为单位,将商品一盘一盘地堆上去。

5. 兼用随机陈列法

这是一种将整齐陈列和随机陈列两种方法结合使用的陈列方法,也同时体现了以上两种方法的优点。但是兼用随机陈列架所配置的位置不同于随机陈列法,而与整齐陈列法一致。

6. 端头陈列法

所谓端头是指双面的中央陈列架的两头。端头的陈列质量,关系到连锁店的形象(见图 3.5)。

图3.5 端头陈列法

7. 岛式陈列法

在卖场的进口处,中部或者底部不设置中央陈列货架,而是配置特殊陈列用的展台,这种陈列方法就称为岛式陈列法(见图3.6)。

图3.6 岛式陈列法

8. 窄缝陈列法

在中央陈列架上撤去几层隔板,只留底部的隔板,形成一个窄长的空间进行特殊陈列,这种方法就叫做窄缝陈列。

9. 突出陈列法

突出陈列法也称为突出延伸陈列法,是指在卖场的中央陈列货架的前面突出一部分,用以陈列特殊商品的方法。

10. 悬挂式陈列法

悬挂式陈列法是指将扁平形、细长形等无立体感的商品悬挂在固定的或可以转动的、装有挂钩的陈列架上的方法(见图3.7)。

图 3.7　悬挂式陈列法

11. 展示陈列法

展示陈列法是指在货架上只陈列一个样品,其余商品放在下面的柜子里或附近的仓库里,或者将一些贵重的小件商品锁在玻璃柜内展示的方法。

> 拓展阅读

适合高端超市的货架

（1）货架结构简单，尽量没有焊接，支柱底座不宜使用过粗管材，最好为自成型管材，配合实木板材装饰外包，突出质感。

（2）货架颜色需要和整座超市 CI 设计颜色协调，不要太跳，毕竟货架只是商品的载体，突出的是商品。

（3）货架高度一般都在 1.6 米以下，这样超市有良好的通透性，让顾客不时可以发现自己需要的商品。

（4）货架单面宽度在 0.35 米左右，因为高端超市进口商品比例大，目标群为超市附近工作生活的都市白领、外籍人士以及有生活品位的人群，销售量不会太多，过量的陈列会给超市带来资金压力和商品保质期问题。

（5）货架陈列面长度在 0.6 米左右，高端超市面积不是很大，商品种类众多，很多商品高度、宽度出入很大，过长的陈列面不利于货架展示空间的利用，合适的长度可以错层陈列更多品类。

（6）货架背板采用镜面效果处理，货架背板一般起着连接货架主体和分隔作用，在背板加上镜面效果后，可以产生增加商品陈列量的感觉，让顾客觉得货品充足。

（7）货架应配有多种展示配件，如层板、挂钩、网板、挂篮、木质层板、托架等。

随着高端超市的不断发展，超市对于商品陈列效果的需求与日俱增，各类展示货架也会从简单的商品载体演变成为超市装饰、氛围制造的主体，助力超市的蓬勃发展。

（二）橱窗陈列法

1. 综合式橱窗陈列

综合式橱窗陈列是指将许多不相关的商品综合陈列在一个橱窗内，以组成一个完整的橱窗广告。

2. 季节式橱窗陈列

季节式橱窗陈列是指根据季节变化对应季商品集中进行陈列。

3. 特写式橱窗陈列

特写式橱窗陈列是指运用不同的艺术形式和处理方法,在一个橱窗内集中介绍某一零售店铺的产品,适用于新产品、特色商品的广告宣传(见图3.8)。

图 3.8　特写式橱窗

4. 专题式橱窗陈列

专题式橱窗陈列是指以一个广告专题为中心,围绕某一特定的事情,组织不同品牌或同一品牌不同类型的商品进行陈列,向媒体受众传达一个诉求主题。

5. 系统式橱窗陈列

系统式橱窗陈列是指按照商品的类别、性能、材料、用途等因素将商品分别组合陈列在一个橱窗内。

复习题

一、名词解释
磁石点

二、简述题
(1) 商品陈列的原则有哪些?
(2) 商品陈列的方法有哪些?

三、情景分析题
观察卖场的布局(见图3.9),指出其错误所在,并进行修改。

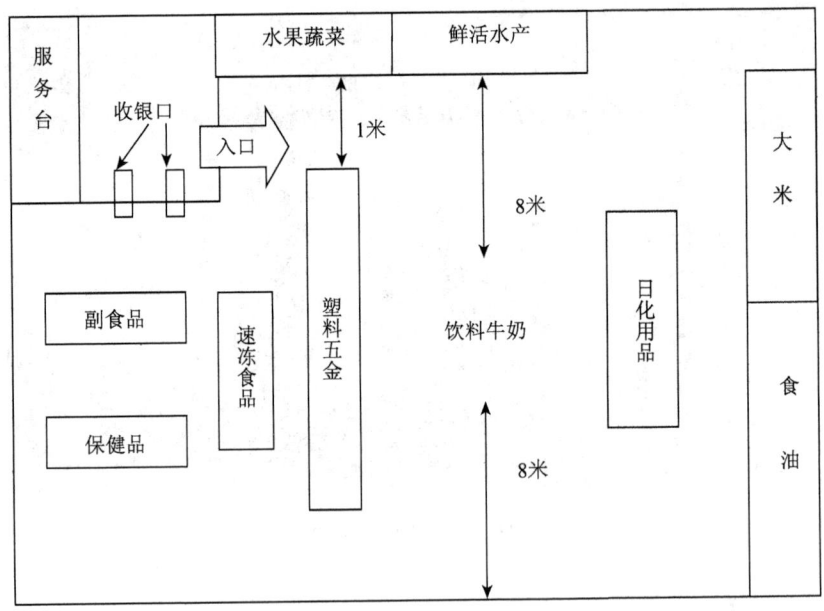

图3.9 某门店布局图

四、案例分析题
衡阳香江百货蒸北购物中心的整体布局及商品陈列的调查分析

2000年1月18日,湖南衡阳市香江百货开办的蒸北购物中心(简称"蒸北购物中心")开张,总面积为11 000平方米,主要向消费者提供新鲜、卫生的食品及日用百货。

蒸北购物中心分为地上两层、地下一层。走进购物中心一层,往左可以看到大约100平方米的顾客休闲区,里面设有桌椅、电脑照相和饮料。往右是非自选区,经营的产品有各种高档化妆品、珠宝首饰、名贵钟表、摄影照相器材以及超市自办的美容院等,在这些商品的专柜都安排了导购人员和相关的专家。

二楼是蒸北购物中心的自选区,四条主通道、几条次通道纵横交错地(像个"井"字)贯穿了整个楼层。纵向的两条主通道串起了各种商品,依次分别为家电类、营养保健品、酒类、奶粉类、日用塑料品类、厨房用品类、办公用品类、饮料类、饼干类、方便面类、糖果类、膨化食品类、休闲食品类、日化用品类、女性用品类、纸类等。横向的次通道则展现了每一种商品的不同品牌。

地下主要是生鲜、海产、冷藏食品、乳制品、蔬菜、肉类、水果、调味品等。这一层的商品有一个共同的特点,就是需要特殊的储藏,尤其是生鲜产品的陈列更是独具一格。

蒸北购物中心为了维持顾客的新鲜感,有主题地开展促销活动,活跃常规陈列的气氛,形成了不同的变化陈列。

(1)原位变化陈列。以常规陈列为基础,陈列位置不做大的变动,根据客流、季节和促销活动进行特别陈列,适当增加陈列排面和数量,时间也不长,因为有些保温、冷藏食品存在条件限制,另外卖场中促销陈列位置有限,不可能用起堆头等方式。

(2)大量陈列。常用于销售量很大、季节性强的农产品、水果、蔬菜等,比如将几十、上百箱苹果、橙子起堆头集中陈列,突出新鲜和量感,目的是在短时间内将某个品种或品类的销量抬到上限。

(3)特别促销陈列。随着季节和节假日的变化或是有新的促销主题产生,商品陈列作为重要的辅助手段,将对促销结果产生很大影响。

(4)特色陈列。每个超市都应该有反映自己特色的商品,特色陈列要求位置稳定、货位丰满,在常规陈列中装饰鲜明,容易被顾客捕捉到。

如此多的商品,该如何摆设,很值得研究。我们可以用"磁石点"的理论来对蒸北购物中心的商品陈列进行评价。"磁石点"理论告诉我们,在卖场中,磁石点可分为四个。

第一磁石点位于卖场主通道两侧的地方,因为它是顾客的必经之地,所以也是商品销售最主要的场所,此处陈列的应是主力商品。

作为一家超市,可以在第一磁石点上展示一些购买量多、品牌信誉较佳、顾客反映好、购买频率高、能够反映超市特色的食品及日用品等，这样不仅可以对超市所销售的商品产生很大影响，而且也将决定顾客对整个蒸北购物中心的整体印象和评价。主通道两侧应是卖场管理者苦心布局的"门面"。

蒸北购物中心出于短期的促销目的，经常在主通道两侧陈列过季、滞销的降价商品，以此吸引顾客注意。从长远看，这种陈列方式会给顾客造成低价滞销的整体印象，必将有损商店在顾客心目中的地位。

第二磁石点位于主通道顶端，通常处于超市最里面的位置。第二磁石点陈设的应是能诱导顾客走进卖场最里面的商品，一般应放置日配性的商品，因为消费者总是不断追求新产品，把新的商品布局在第二磁石点，就可以把顾客吸引到卖场最里面；其次可以配置部分季节性商品，利用商品的季节性差价形成对顾客的吸引。这方面蒸北购物中心做得很好，在各主通道的顶端都摆放了一些季节性较强的商品，如棉布拖鞋、抱枕等。

第三磁石点位于卖场的出口位置，该点的商品陈列目的在于尽可能地延长顾客在店内的滞留时间，刺激顾客的购买欲。陈列的商品主要以食品、日常生活用品、休闲用品为主。一般来说，第三磁石点的商品主要表现出以下特征：特价商品、商家开发的品牌商品、季节性商品、购买频率高的日用品。出口处的商品陈列要考虑到上述商品的有机组合。

蒸北购物中心在第二层的电梯下楼处开设的"店中店"是非自选区，它以其独特性吸引着各个年龄层的顾客：儿童喜欢它，是因为里面有免费开放的小型儿童游乐场和可爱的童装；年轻人偏爱它，是因为里面有化妆品；学生看上它，是因为里面有个大型的文具用品市场……据统计，"店中店"每天至少留住了40%的顾客。

第四磁石点分布在超市卖场次通道的两侧，在众多的商品陈列中，若要引起顾客对这一位置的注意，在商品布局上就必须突出品种繁多的特点，商品的陈列应更加注重变化。比如，利用平台、货架大量陈列；突出商品位置标牌；在道路两侧设置特价商品POP广告等。这样做可以减少顾客在购物过程中的厌烦心理，有利于引起顾客的注意。

在这一陈列中，蒸北购物中心有其自身的特点，以洗发水为例：货架每一格至少陈列3个品种（若是畅销商品的陈列，则少于3个品种），保证品种数量。就单位面积而言，平均每平方米要达到11~12个品种的陈列量。

当然，放满陈列只是一个平面的设计，实际上，商品是立体排放的，更细致的研究在于，商品在整个货架上如何立体分布。

洗发水的系列产品是呈纵向陈列的。这是因为如果是横向陈列的话，顾客在挑选某种商品时，就会感到非常不便。因为人的视觉规律为上下垂直移动较为方便，其视线是上下夹角25°。顾客在离货架30～50厘米距离间挑选商品，就能清楚地看到1～5层货架上陈列的商品。而人的视觉横向移动时，就要比前者差得多，人的视线左右夹角是50°。当顾客距货架30～50厘米距离挑选商品时，只能看到横向1米左右距离内陈列的商品。这样就会非常不便。实践证明，两种陈列所带来的效果确实是不一样的。纵向陈列能使系列商品体现出直线式的系列化，使顾客一目了然。系列商品纵向陈列会使商品销售量提高20%～80%。

另外，纵向陈列还有助于给每一个品牌的商品一个公平合理的竞争机会，但产品线很长的品牌应区分对待。拿宝洁公司出品的"飘柔"来说，如果将这一品牌的商品纵向陈列，虽然从整体上看陈列得非常整齐，但往往会使某些品牌占据卖场货架的主要段位。为了便于进行商品的实际销售能力的考核，蒸北购物中心在纵向陈列与产品的类别上做了一个选择，将一些产品线较长的商品分成若干个部分，这样就会增强商品之间的竞争性，并且便于顾客比较商品的价差，从而提高日常销售量。提高门店日常销售量最关键的因素是货架上黄金段位的销售能力。

一项调查显示，商品在陈列中的位置进行上、中、下三个位置的调换，商品的销售额会发生如下变化：从下往上挪的销售量一律上涨，从上往下挪的一律下跌。这份调查不是以同一种商品来进行试验的，所以不能将该结论作为普遍真理来运用，但"上段"陈列位置的优越性已经显而易见。

实际上，蒸北购物中心目前使用的陈列货架一般为高165～180厘米，长90～120厘米，在这种货架上最佳的陈列段位不是上段，而是处于上段和中段之间的段位，这种段位被称为陈列的黄金线。

以高度为165厘米的货架为例，将商品的陈列段位进行划分：黄金陈列线的高度一般在85～120厘米，是货架的第二层和第三层，是眼睛最容易看到、手最容易拿到商品的陈列位置，所以是最佳陈列位置。摆放在该陈列位置的商品一般都是利润较高、畅销的产品，像宝洁公司出产的"飘柔""潘婷"等市场占有份额较高的产品都是被摆放在这一位置。

在其他两个段位的陈列中,最上层通常陈列需要推荐的商品,如"顺爽"洗发水等;下层通常是销售周期进入衰退期的商品,像"润发百年"洗发水、"蜂花"护发素等。

思考题:蒸北购物中心在商品的陈列、布局上有哪些好做法?有哪些需要改进的方面?

本章小结

本章首先介绍了门店布局的三个原则和四种主流方式,重点讲解了门店布局中磁石点理论的运用;进而讲解了商品陈列的六个基本原则和两大类陈列方法,通过图文并茂的形式直观地展现了各种具体陈列方法。

第四章

门店品类管理

学习目的与要求

通过本章的学习,对连锁门店品类管理的起源、内涵、定义有全面的认识,会应用品类角色知识;熟悉门店品类配置的一般步骤;掌握商品结构优化方法。

关键词

品类管理　品类角色　品类定义　商圈　商品配置

导入案例

宝宝屋

北京华联婴儿护理中心(宝宝屋)是品类管理的应用实例。在此,品类定义显得尤为重要。从传统意义上讲,婴儿的产品分散于不同的品类,如奶粉和成人奶粉放在一起,属奶制品品类,婴儿纸尿片和纸巾等放在一起,属纸制品品类。但调查发现,抱着婴儿的妈妈或者即将成为妈妈的孕妇需要辛苦地走上1~2小时才能购齐所需妇婴物品,她们最大的希望是花较短的时间一次性购齐所有物品。于是,新的品类——妇婴用品应运而生。这时,品类结构就需要重新定义。早期,婴儿奶粉等需要在奶制品区域和妇婴用品区域双边陈列,并作消费者引导。1~2个月后,购物者便习惯性地步入华联宝宝屋购买妇婴用品了。宝宝屋的设立,使北京华联婴儿品类的生意增长了33%,利润增长了63%。该案例曾作为品类管理成功案例在亚洲第五届ECR协会和中国首届ECR协会上分享。品类定义是品类管理的基础,若品类定义出错,将直接影响到购物者的满意程度和后面的诸多步骤,例如:多数购物者习惯于到婴儿用品区购买婴儿纸尿裤,如果将纸尿裤归入纸品类,在进行品类评估时,其表现多半不如卷纸、面巾纸等,而且与纸品共同陈列,必然造成多数购物者不易找到纸尿裤或花更多的时间才能找到。

资料来源:程莉,"宝宝屋"如何进行品类管理,http://www.bookdao.com/article/469/,2010年03月13日。

思考题:请结合案例谈谈商品分类出现了哪些新趋势、新变化。

第一节 门店品类管理概述

一、品类管理的起源和内涵

品类管理(Category Management)的概念于1993年由美国食品协会提

出,目前在欧美等国已有20年的历史。在我国,从1997年开始,由中国连锁经营协会和宝洁公司等供应商共同提出。

在传统的商业活动中,品牌为供应商的经营核心,所有的经营活动都是以品牌营销为主,从商品的开发、定价到促销活动等,包括销售状况分析及市场调查也都是以品牌为中心;零售商则是以其店铺的销售情况来决定商品组合及陈列摆设的调整。供应商及零售商都以品牌及店铺为中心来决定其经营策略,在收集产品信息时难免会有所遗漏。品类管理则为零售商和供应商提供了另一个经营方向,通过品类管理来主导经营活动要求零售商和供应商密切合作,打破以往各自为政甚至互相对立的情况,以追求共同实现更高利益。

在品类管理的经营模式下,零售商通过POS系统掌握消费者的购物情况,而由供应商收集消费者对于商品品类的需求,加以分析后,再共同制定品类目标,比如商品组合、存货管理、新商品开发及促销活动等。

二、品类的定义

品类(Category)是指消费者认为相关且可相互替代的一组特殊商品或服务。它有如下几个特性:满足消费者的购买要求和使用要求,具有同一属性,易于管理。品类定义会随着购物者购物习惯的变化而改变,如婴儿用品传统上分散于食品、服装、纸品等品类,为了方便怀孕的妈妈或带着孩子的妈妈购物,于是出现了婴儿街、宝宝屋等购物区域,将所有的婴儿用品集中陈列,一个新的品类(婴儿用品)应运而生。

三、品类角色

定义品类角色时,需考虑品类对门店的重要性、对目标购物群的重要性以及对品类发展的重要性。跨品类分析工具(SFR Model)帮助我们确定品类对目标购物群的重要性。它汇总了不同购物群在不同品类的购物频率、消费金额等数据。不同的品类因为其品类角色的不同,应采取不同的品类战术。

品类所扮演的角色如下:

（1）普遍性品类。消费者于日常生活中或因习惯使然而会购买的商品，如报纸、杂志、饮料等。通常这类产品每家商店都有贩卖，因此消费者并不需要到特定的商店购买本类商品。

（2）特殊性品类。本类商品具有吸引消费者消费的特性，而且该品类是某个商店与众不同的卖点，消费者会为了购买这项商品而专程前来。假若该商品仅有特定商店贩卖，则消费者要购买该商品，势必要到这些商店，此品类即为一种目的性品类。

（3）偶发性品类。该品类商品主要是满足消费者在偶发状况下所产生的需求。譬如：一般商店所提供的轻巧雨具等商品，便是偶发性品类商品。

（4）季节性品类。为了应对特定节日或活动所摆设的商品。譬如：促销活动中，常可看到消费满 5 000 元，再加 500 元即可得到价值 1 000 元的泰迪熊等标语，该卖场中原本可能并无陈列该（泰迪熊）品项，但在促销活动中便会陈列该商品以刺激消费。又譬如：每年约 11 月中旬便会有商店开始陈列与圣诞节相关的商品，供消费者选购。

（5）便利性品类。具有增进消费者从事某项活动之便利性的品类。譬如：便利商店会提供影印、传真、代收停车费、代收货款等服务，统一超商提供 DHL 国际快递服务等。虽然该品类的单价可能偏高，但消费者认为该品类所带来的便利性的价值远超过其售价，故愿意以较高的价格购买该类商品。

第二节　门店品类管理的具体实施流程

一、门店品类配置的一般步骤

品类配置不是一蹴而就的事情，也不是想当然的事情，是对影响商品结构的因素加以分析，并在实践经验的基础上不断加以调整的结果。一般来说，门店进行品类配置主要有以下几个步骤：

（一）对门店的商圈进行分类

所谓商圈，是指门店以其所在地点为中心，沿着一定的方向和距离扩展吸引顾客的辐射范围，简单地说，也就是门店周围所处的消费群体环境。

零售商圈分为四个层次：核心商圈、次级商圈、边缘商圈、异地商圈。一般而言，核心商圈能吸引55%~70%的顾客；次级商圈为15%~25%；边缘商圈则最小。但商店的规模不同、类型不同，对顾客的吸引力也不同，中心商业区和大型商店对次级商圈和边缘商圈的顾客的吸引力相对要大。商圈通常不是圆的，更多的是椭圆形或多边近圆形。

制约零售商圈的主要因素有：商店经营类型；同类型竞争商店的位置；商品种类；商店规模；店址周围的条件；促销活动的开展情况。

不同的商圈决定了需求不同的消费群体，从而决定了商品的品类。商家必须明确门店所处的商圈层次，了解目标顾客群，给门店一个清晰的定位，从而配置合适的商品品类。

| 拓展阅读 |

北京商圈概述

市级商业中心位于城市中心，包括王府井和西单；区域商业中心主要集中在东部和西部，散布于商务区、居住组团或交通枢纽附近，目前发展较为成熟的有中关村、CBD、建国门、朝外、亮马河、亚运村和公主坟。其中，CBD、中关村是两大核心商圈（见图4.1）。

东区：CBD是消费档次较高的区域商业中心，包含了财富中心、建外SOHO、昆泰国际中心、万达广场、华贸中心以及即将推出的大成天地时尚之窗。CBD及周边已经成为商业投资的热点区域。

西区：西北三环、中关村沿线始终是商业地产的投资热点，尤其是中关村一带，市场供不应求，价格居高不下。

北区：主要指亚运村地区，从原有的欧陆经典、阳光广场到近期的第五大道，高档次、高密度的居住社区保证了区域商业地产投资的热度。

南区：一向是商业投资的软肋地带，与上述三区相比略显不足，商业投资氛围及人气还需提升。其中大都市街和其后的金帝世家、世贸商城（木樨园）等项目较有影响。

市级商业中心：商圈辐射半径达7~8公里甚至全市。包括原有三个（前门、王府井和西单）和新兴五个（CBD、中关村、马甸、公主坟和木樨园）商

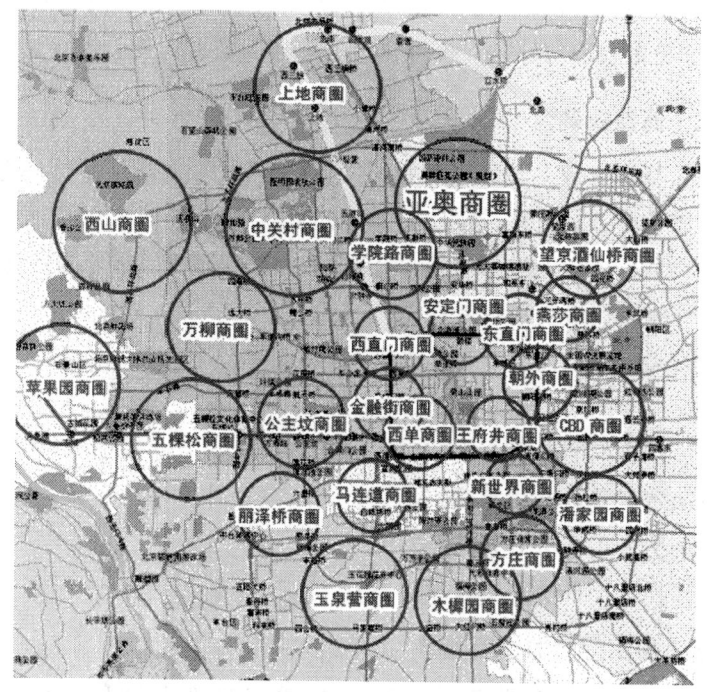

图 4.1 北京商圈地图

业中心。商业规模大,业态、业种复合度高,辐射半径大。因此,商铺租售相对容易,投资回报率高,回收周期较短,投资可保证长期稳定的回报。但价格也高,前期投入较大,运作空间也有限。

区级商业中心:服务区域,如方庄、望京。

社区商业中心:服务社区,如天通苑、世纪城。商铺价格相对不高,经营较稳定,但不同位置价值差别很大。

专业市场:服装类如阜外的万通、雅宝路的天涯大厦、蒋宅口的巨库;IT类如中关村的科贸中心、鼎好电子商城;家居类如碧溪家具广场等。其最大特点就是单个商铺面积小(不超过10平方米)、单价高,不能独立经营,需要托管或自营,因此高风险和高回报并存。

特色商业街:自然形成的商业街市场行为效果较好,行政行为打造的商业街市场行为效果较差。如东直门簋街、方庄食街、马连道茶叶街、潘家园旧货市场、三里屯酒吧等。

底商:简单可分为办公楼底商(如数码大厦、银科大厦等)和住宅底商

(如珠江帝景、回龙观经济适用房)两大类。其中拥有独立门面及固定消费人群、经营稳定、投资风险小、价格相对低廉的住宅底商最受欢迎。

(二)消费者调查

通过市场调查或POS系统的数据搜集及分析,来判断某品类在消费者行为中所占的比率,以消费者导向为主来改进卖场商品陈列方式,进而提升整体销售能力。我们可以通过下列基本问题来评估符合消费者需求的品类。

(1)哪些品类最受消费者喜爱?
(2)购买某品类的消费者是哪些人?
(3)某品类的实际使用者是哪些人?
(4)消费者何时购买?
(5)消费者喜欢在哪里购买?
(6)消费者用什么方式购买?
(7)消费者为什么要买这些品类?

(三)确定门店的经营品类

我们将经营品类分为目标性、常规性、季节性/偶然性和便利性几大类。针对以上不同类别的品类,根据每个门店的发展战略,确定这些不同经营品类所包含的具体商品类别。商品部门要针对适合门店经营的几大类商品进行提案,比如:要不要设立玩具部门或餐饮部门、鲜花部门,把适合商圈内贩卖的品类做几种形态的组合,提交给上级来决定。

(四)进行商品配置

商品配置,英文名称为"Facing"。Facing是对商品排面做恰当管理的意思,也就是商品在货架上获得适当配置的意思。当决策单位确定了经营品类后,负责商品配置的人员可会同营业部、开发部共同讨论,决定部门的配置。每一个部门所占的面积尺数,都要有一个最妥善的安排。

部门配置完成后,根据部门配置图,采购人员要制作商品分类配置表,并由采购(商品)经理做决定。

到了这一步骤,采购人员要详细收集每一种分类内可能销售品项的资料,包括商品的价格、规格、尺寸、成分、包材等资料,这些资料应尽可能地系统、齐全,最好能一类一类地建立在电脑档案内,便于比较分析及随时可调阅。

品项资料收集齐全后,将所有商品的价格、包装规格及设计,依商品的品质及用途分别做一个详细的比较,将最符合商圈顾客需要及能衬托出公司优势的商品,依其优先顺序挑选出来,依次排列,筛选出我们需要的品项,列印出商品台账。

商品品项一经挑选决定后,应把商品的陈列面依其畅销度做一个适当的安排,并把这些商品与附近竞争店的商品结构做一个比较,看看是否本店的商品品项数、陈列面、优势商品、价格比主要竞争对手来得强势,否则就应再次调整到最佳状况。

一个门店开业后,并非商品配置好了就永不变更了,而是要根据经营状况加以变动,而这种变更的工作,最好是按照固定时间进行,不要想变就变,想动就动,那样商品配置很容易出现凌乱、不易控制的情形。例如:一个月修正一次配置表或一季变动一次,一年大变动一次,都是较为妥当的做法。

▎拓展阅读▎

货架空间管理

货架空间管理是根据顾客购买决策树(见图4.2)、品种及品牌的市场占有率和市场趋势,结合货品在店内的销售比例,用科学的分析方法确定货品在货架上的陈列位置和陈列面,从而优化空间分配,使有限的货架空间创造出最好的销售效益。

调查显示,顾客在货架前决定购买某种商品时有着相似的决策过程,这些决策因素的顺序被理论化为顾客购买决策树。以牙膏为例:

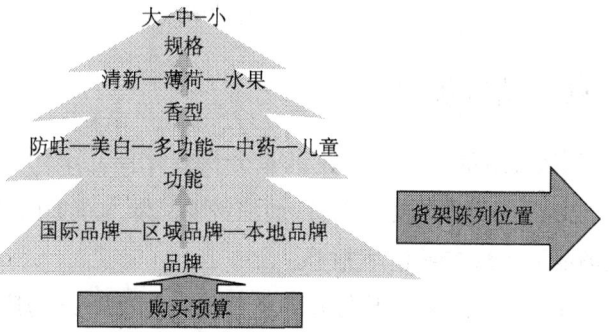

空间分配评估——品种
Space Assessment -Segments

品种	销售	%	陈列面	%	空间指标
清新口气类	612	19%	22	14%	0.71
美白类	482	15%	20	13%	0.82
天然成分类	304	10%	26	16%	1.70
多功能类	218	7%	14	9%	1.28
防过敏类	92	3%	10	6%	2.16
儿童类	89	3%	10	6%	2.23
合计	3 141	100%	158	100%	1.00

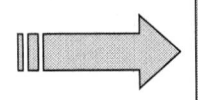

增加不足陈列状态品种的陈列面
减少过量陈列状态品种的陈列面

空间分配评估

$$\text{空间指标 (Space Index)} = \frac{\text{货品的陈列面占有率}}{\text{货品的销售贡献率}}$$

空间指标 $\begin{cases} >1,\text{过量陈列状态(Over-spaced)} \\ =1,\text{满陈列状态(Justified Space)} \\ <1,\text{不足陈列状态(Under-spaced)} \end{cases}$

图 4.2　顾客购买决策树

二、商品结构优化

对门店来说,最重要的工作是通过分析优化商品结构。每个门店的管理人员都不希望看到畅销商品断货,而滞销商品却堆积如山的现象。

优化商品结构应参照以下指标:

(1)商品销售排行榜。现在大部分门店的销售系统与库存系统是连接的,后台电脑系统能够整理出门店的每天、每周、每月的商品销售排行榜。

从中可以看出每一种商品的销售情况,对商品滞销的原因进行调查,如果无法改变其滞销情况,就应予以撤柜处理。在处理这种情况时应注意:①对于新上柜的商品,往往因其有一定的熟悉期和成长期,不要急于撤柜;②某些日常生活的必需品,虽然其销售额很低,但此类商品的作用不是盈利,而是通过此类商品的销售来拉动门店主力商品的销售,如针线、保险丝、蜡烛等。

(2)商品贡献率。只依据商品排行榜来挑选商品是不够的,还应看商品的贡献率。销售额高、周转率快的商品,不一定毛利高,而周转率低的商品未必利润低。如果没有毛利,商品销售额再高也无济于事。毕竟门店是要生存的,没有利润的商品短期内可以存在,但是不应长期占据货架。应找出门店内贡献率高的商品,并使之销售得更好。

(3)损耗排行榜。这一指标是不容忽视的,它将直接影响商品的贡献毛利。例如:日配商品的毛利虽然较高,但是由于其风险大、损耗多,可能会赚得少赔得多。曾有一家卖场的涮羊肉片的销售在某一地区占有很大的比例,但是由于商品的破损特别多,一直处于亏损状态,最后唯一的办法是提高商品价格,并与供货商协商,提高商品的残损率,不然就将一直亏损下去。对于损耗大的商品一般应少订货,同时应由供货商承担一定的合理损耗,另外有些商品的损耗是因商品的外包装问题,出现这种情况,应当及时让供应商予以改善。

(4)周转率。商品的周转率也是优化商品结构的指标之一,谁都不希望某种商品积压流动资金,所以周转率低的商品不能滞压太多。

(5)新近商品的更新率。门店应周期性地增加商品的品种,补充新鲜血液,以稳定自己的固定顾客群体。商品的更新率一般应控制在10%以下,最好在5%左右,另外,新近商品的更新率也是考核采购人员的一项指标。需要导入的新商品符合门店的商品定位,不超出其固有的价格带,对于价格高而无销量的商品和价格无利润的商品应适当地予以淘汰。

(6)商品的陈列。在优化商品结构的同时,也应该优化门店的商品陈列。例如:对于门店的主力商品和高毛利商品的陈列面的考虑,适当地调整无效的商品陈列面。同一类商品的价格带的陈列和摆放也是调整的对象之一。

(7)其他。随着一些特殊节日的到来,也应对门店的商品进行补充和调整。例如:正月十五和冬至,就应对汤圆和饺子的商品品种的配比及陈列进行调整,以适应门店的销售。优化门店的商品结构,有助于提高门店的总体销售额。它是一项长期的管理工作,应当随着时间的变化而及时变动,这样才会使自己立于不败之地。

复习题

一、名词解释

品类

品类角色

二、案例分析题

(1)商店 A 与商店 B 位置邻近,A 是以经营食品为主的小超市,B 是大卖场,婴儿用品非常丰富,是其目标性品类之一。某一天,B 卖场纸尿裤大幅度降价,A 超市快速跟进;B 卖场销量大增,但 A 超市不仅生意没有增长,还损失了不少利润。

(2)某零售商开店已 4 年多,人流充足,收银台不堪重负。当附近一间新店开张并开通了载客穿梭车时,它也忍不住开通了穿梭公共汽车。该商店此时的策略选择正确吗?

(3)某商店希望吸引月收入 2 000 元以上的购物人群,实际上,该商店也做到了。但在分析其卫生巾品类时,却发现它吸引了大量的月收入 1 000 元左右的人群。也就是说,商店花费了很多精力吸引来的中高收入群却不在该商店买卫生巾。请分析可能的原因何在。

本章小结

本章围绕品类管理展开。首先介绍了品类管理的起源和内涵,重点分析了品类定义和品类角色;进而分四个步骤详细分析了门店进行品类管理的具体实施流程,并在此基础上进一步讲解商品结构优化方法。

第五章

门店商品进货与存货作业管理

学习目的与要求

通过本章的学习,掌握门店进货作业的概念和流程;掌握门店存货作业的目的、原则和 ABC 存货管理方法;掌握门店仓库管理和盘点管理的要点。

关键词

进货　存货　库存　盘点

导入案例

家乐福存货管理案例

一、家乐福的购料订货模式

在家乐福有一个特有的部门——OP(Order Pool),也就是订货部门,是整个家乐福的物流系统核心,控制了整个企业的物流运转。在家乐福,采购与订货是分开的。由专门的采购部门选择供应商,议定合约和订购价格。OP则负责对仓库库存量进行控制,生成正常订单与临时订单,保证将所有的订单发送给供应商,同时进行库存异动的分析。作为一个核心控制部门,其控制动作联系到其他各个部门:对于仓储部门,它控制实际的和系统中所显示的库存量,并控制存货的异动情况;对于财务部门,它提供相关的入账资料和信息;对于各个营业部门,它提供存量信息,提醒各部门根据销售情况及时更改订货参数,或增加临时订量。

从家乐福获得的启示:

(1)在公司内部成立一个控制中心。在公司内部成立一个类似OP的专门的控制部门,以它为中心,呈射线状对企业其他各个部门形成控制,为财务部门提供资料,同时与各个营运部门形成联系。可以形容为"牵一发而动全身"。在制造企业的内部,我们同样需要一个得力的控制中心的存在。

(2)明确各个部门的职责。在订货流程中,如果没有分清各个部门的职责,就会降低订货的效率,或者会增加订货出错的概率。在制造业中,我们需要让采购、仓库、财务、生产各个部门的职责明确清晰,才能够提高物料管理的效率。

(3)优化进货流程。分析家乐福的订货流程,可以拟出制造业的进货流程如下:第一,电脑根据订货公式,自动计算订单;第二,由业务员人工审核确认后,由计算机输出,发给供应商;第三,供应商凭借计算机订单及订单号送货;第四,收货员下载订单到收货终端,持收货终端验收商品,未订货商品无法收货(严格控制未订货商品);第五,上传终端数据至电脑系统,生成电脑验收单(超出订货数量的商品,作为赠品验收或退还给供应商);第六,将电脑验收单加盖收货章后交给供应商作为结算凭证;第七,每日查验《超期未到货订单汇总表》,确保供应商准时送货。通过上述流程,可以达到优化进货流程的目的。

二、家乐福的仓储和盘点作业

家乐福的做法是将仓库、财务、OP、营业部门的功能和供应商的数据整合在一起,从统一的视角来考虑订货、收货、销售过程中的各种影响因素,这是一个严密的有机体。仓库在每日的收货、发货之外会根据每日存货异动的资料,将存量资料的数据传输给OP部门,OP则根据累计和新传输的资料生成各类分析报表。同时,家乐福已逐步以周期盘点(Cycle Count)代替了传统的一年两次的"实地盘点"。在实行了周期盘点后,家乐福发现,最大的功效是节省了一定的人力、物力、财力,没有必要在两次实地盘点时兴师动众了;同时,盘点的效率得到了提高。

从家乐福获得的启示:

(1)加强仓库的控制作用。根据"战略储存"的观念,仓库在单纯的存储功能以外还有更重要的管理控制功能。第一,加强成品管理,有效维护库存各物料的品质与数量;第二,强化料账管理,依据永续盘存的会计理念进行登账管理;第三,要及时提供库存资讯情报,要具备稽核功能(统计功能),以料、账和盘点的数据为基准,制订出有关资讯报表;第四,注重呆废料管理,通过制订呆废料分析表,利用检查及分析等手段使仓库中的呆废料凸显出来,并及早活用,最大限度地减少损失。

(2)推行周期盘点。家乐福用周期盘点(Cycle Count)代替一年两次的实地盘点的做法在一定程度上是值得制造业企业学习的。"周期盘点"以一个月或几星期为一个周期,根据品类管理对物料进行分类,同样也对所储存的物料进行盘点周期的分类。每一次盘点若干个储位或料项,根据盘点的结果进行调整,并生成周期盘点的相关报表。采用"周期盘点"可以缩短盘点周期,及早发现"人"的问题以及仓储中存在的问题。但周期盘点的实施需要企业财务、采购、仓库各个部门具备更强的控制能力和相互间联系反应的能力。

资料来源:物料管理研究:家乐福存货管理的启示,清华在线,2006-09-14 13:18:29,http://www.qinghuaonline.com/news/61712.html。

思考题：上述案例涉及了门店运营与管理过程中哪几个基础性工作环节？这些工作环节分别有什么作用和意义？

第一节　门店商品进货作业管理

门店的进货作业包括订货、收货、退换货、调拨等。

一、进货作业概述

（一）进货的概念

进货是连锁企业门店从编制进货计划开始，到选择供应商、签订合同和执行、商品的到货、验收入库的完整的业务经营过程。

（二）进货的原则

(1)适时。适时即确实掌握时间需求。例如：是否可以满足顾客的需要？是否可以赶在促销活动之前进货？进货时间是否可以避开一天中生意繁忙的时段或是周六、周日及节假日？

(2)适量。适量是要满足店铺商品的需求量。进货数量既不能太多，又不能太少。太多会造成仓储杂乱无章，或使商品展示拥塞不堪；太少则对顾客缺乏足够的吸引力。

(3)经济订货批量策略。店铺在组织商品进货时，在进货次数、进货批量与进货费用之间，存在着一定的数量关系。由于采购一次商品，就要花费一次采购费用，包括采购差旅费、手续费等，当一定时间内的采购基本固定时，每次采购的批量越大，采购的次数就越少；反之，每次采购的批量越小，采购的次数越多，采购费用就越多。所以，采购批量与采购费用呈反比例关系。由于每次的采购批量大，平均库存量也大，因而付出的费用就大，如保管费、存货占用资金的利息、商品损耗等费用；反之，采购批量小，平均库存量小，保管费用就少。所以，采购批量与保管费用呈正比例关系。

经济订货批量策略就是要采用经济计量方法，分析进货批量、进货费用、储存费用三者之间的内在联系，找出最合理、最节约费用的进货批量和进货次数。

知识链接

经济订货批量

经济订货批量(Economic Order Quantity,EOQ)是指通过平衡采购进货成本和保管仓储成本核算,以实现总库存成本最低的最佳订货量。经济订货批量是固定订货批量模型的一种,可以用来确定企业一次订货(外购或自制)的数量。当企业按照经济订货批量来订货时,可实现订货成本和储存成本之和最小化。

二、进货作业流程

进货作业是由一系列商业活动组成的,包括:订货作业—收货作业—验货作业—退换货作业—调拨作业。

(一)订货作业

1. 订货作业的概念

门店的订货作业是指门店依据订货计划向总部配送中心或者总部指定的厂商以及自行采购单位要货的活动。

2. 订货作业的流程和方式

订货作业可分为分散式订货和集中式订货两种方式。分散式订货是指商店(仅指单店),或者是连锁企业的分店被授权可以自行向厂商进行订货的一种订货流程。集中订货是指连锁企业的各分店将订单传至连锁总部,由总部汇总后通知配送中心进行订货和配送。

3. EOS 订货系统

电子订货系统(Electroni Ordering System,EOS)是指将批发、零售商场所发生的订货数据输入计算机,通过计算机通信网络连接的方式将资料传送至总公司、批发商、商品供货商或制造商处。EOS 系统是利用 VAN 系统和 EDI 系统建立起来的,连接连锁总部、连锁门店、供应商、物流中心、制造商等的整体供应系统。

VAN 系统是增值网络系统,是在基本网络环境下,利用电脑软件系统和通信设施将所收集的商业信息经过互联网络,附加各种服务,提供给第三方的服务系统。

EDI系统利用电脑和通信技术,将交易双方的商品选择、订货、配送、流通、验收、付款等信息自动地进行传输,是实现无纸贸易的手段。

4. 订货作业注意事项

(1)订货要注意适时和适量,一般说来,订货都会安排在每天的固定时间,如上午8~9点钟。

(2)订货要提前做好计划,决定订货量时应该考虑以下相关因素:每月销售量、订货前置期、配送周期、安全存量、陈列空间、商品包装人数、厂商配送最小单位、最小订货量等。

(3)订货人员要在规定的时间检查卖场以及仓库的库存量,若存货低于安全存量,或者遇到节假日促销,就必须提前发出订单。

(4)若采用电话或者传真的方式订货,则必须依据不同的厂商来填写订货单;若采用EOS方式进行订货,则订货时以手持终端机扫描或者键入商品名称和数量,再传递到厂商处。

(二)收验货作业

进货作业对于供应商或者总部、配送中心而言,主要就是配送;对于门店而言,其重点就是验收。

1. 卸货

进货作业始于商品自运输工具上卸下来。理想的卸货应该在室内进行。一般说来,卸货时间应该避开营业时间。

2. 核验

商品从运输工具上卸下后,未拆封前,应该在送货司机面前验收箱数,检验外包装是否无损。检验方法如表5-1所示。

表5-1 验货方法

检验方法	具体内容
直接核对法	由验货员根据送货单逐项进行核对
屏蔽核算法	验货员不看送货单,边验货,边制单,验收完成后,与送货单核对,检查是否有错漏短缺
半屏蔽核算法	验货员使用未填写数量的订货单的副本,边核对边填写数量,再与送货单上的数量核对,无误后签收

(1)收货记录。收货记录是进行商品验收的重要书面记录,内容一般包

括：收发货单位名称、凭证号码、实收商品的数量、规格、质量、数量差额和质量符合程度、验收日期、地点、验收人等。门店可以将送货单作为收货记录，上面注明实收商品数量以及差额并有验收员以及司机的签名，作为以后会计记账和商店盘点的依据。

（2）进货验收注意事项包括：①进货要遵守时间，送货时间的确定应该考虑厂商作业时间、交通状况、营业需要以及内部员工出勤时间；②商品整理分类要清楚，在指定区域内进行验收；③要遵循先退货再进货的原则，以免退调商品占用仓位；④验收要仔细、严格。

（三）退换货作业

退货作业可跟公司总部、配送中心或者供应商相互配合，利用进货回程顺便将退货带回。退换作业一般定期处理（每周一次或者每10天一次），退换货时，首先要查明退换货的来源，其次要填清退换单；最后要告知被退货方，以便及时予以处理。

退换货物注意事项包括：①厂商确认，即先查明待退换商品所属的厂商或者送货单位；②填写退货申请单，注明其数量、品名以及退货原因；③办理退货之前，要先通知财务部门扣押货款，以免发生财务纠纷；④退调商品要妥善保管，应规划专门区域暂存，整齐分类；⑤一旦确认商品不符合要求，要迅速联络厂商办理退换货。

（四）调拨作业

调拨作业是连锁企业门店之间的作业，一般发生在某门店发生临时缺货，供应商或者总部配送中心无法及时供货，需要向其他门店调节商品的时候。

调拨作业发生的原因一般有门店销售量剧增导致存货不足，或供应商送货不足，或顾客团购，或临时加大订单等。

调拨注意事项包括：①若属于临时大量订单，门店在接单前需要联系其他门店，确认可调拨数量是否足够，不能盲目接单；②门店之间的商品调拨必须在双方店长同意的前提之下才能进行；③须事先明确调拨时间、数量、车辆和调拨联系人；④必须填写调拨单，调拨人、拨出方门店的负责人均需签名确认；⑤拨出和拨入均需由双方门店进行验收、检查并确认；⑥调拨单一式两联，第一联由拨出单位保管，第二联由拨入单位保管；⑦调拨单需定期汇总到总部会计部门,以配合账务处理;⑧拨入、拨出门店均需检查存货账与应付账是否正确;⑨拨入门店应重新考虑所拨商品的最低安全存量、每次订货量以及货源的稳定性,尽量避免重复发生类似事件。

第二节 门店商品存货作业管理

一、存货作业概述

商品存货是保证商品正常销售必不可少的环节,但同时商品存货意味着流通的停滞和资金的积压。为了适应市场的需求,保证在销售过程中不断货,连锁门店必须有一定的商品存货。众所周知,商品库存要占用资金和场地,会带来成本的增加,因此科学地进行存货管理非常必要。在营业过程中,每天的存货都会随着厂商进货、门店销售、退货、报废、变价、门市间调拨等造成门店内存货的增加或减少,因此存货记账是必要的,只有正确且完整地记账并填写各种存货报表,才能管理好门店的所有存货。

(一)存货管理的目的

1. 配合进货、采购业务,防止缺货

为进货、采购提供有关现存货品的信息。顾客到门店购买商品,如果遇到缺货,可能会产生不满情绪。门店经营者必须对缺货原因进行正确的分析,为门店的商品进货和采购提供准确的信息。

2. 配合门店销售业务

为迅速配货、补货以及促销决策提供相关信息。存货管理决策与商品销售速度有很大关联,不同种类的商品,其平均销售速度也有所差异。连锁门店商品分为畅销品、长销品和滞销品三种。畅销品容易出现缺货现象,如果畅销品缺货后,门店能够很快地补充货品,就可以极快地获取利润。

(二)存货管理遵循的原则

1. 周转率原则

按照商品在仓库中的周转率来安排仓储位置,周转率越高的商品离出口越近。

2. 相关性原则

把同一类商品或者具有互补关系的相关产品摆放在相邻的位置,往往相关性高的产品会同时产生补货需求。

3. 相容性原则

相容性低的产品要杜绝放在一起,以免损坏,影响商品品质。

4. 先进先出原则

同类商品应该遵循先进先出原则。这一原则特别适用于保质期短的商品,如食品、药品等。

5. 面对通道原则

为了方便查找和搬运,商品的标志、名称等信息一定要面向通道,不能背对通道。

6. 产品尺寸原则

为了有效利用仓储空间,在布置仓库时必须掌握商品单位大小和相同物品的批次状况。对于标准化包装的商品应该置放于货架上保管,对于非标准化包装的商品应该依据其形状、大小,考虑整批数量,分配特殊储位。

7. 重量性原则

按照商品重量大小来安排储位的高低。一般情况下,重的商品放置于地面或者货架的底层,质量较轻的商品放置于货架上层。

8. 商品特性原则

对于某些特殊商品则需要根据商品特性来存放。比如:易燃易爆物品应存放于有防火设备的空间,易污染的商品应加套储存等。对于某些化学物品应该采用隔离方式,以免对其他商品产生影响。

(三)存货管理的方法:A、B、C 管理法

连锁企业门店的仓库空间和资金周转都是有限的,加强商品库存、商品结构的管理,都可以使这些有限的空间和资金取得更大的效益。对于商品库存最常用的方法是 ABC 管理法。这种方法来源于帕累托所创立的 20/80 原则。其核心思想是重点管理重要的少数。具体方式是将商品按照其价值

量的大小分为 A、B、C 三类，A 类商品的销售额占总销售额的 70%～75% 左右，B 类商品的销售额则占 10%～20% 左右，而 C 类商品的销售额占 5%～10% 左右。在进行库存管理的过程中，对于最重要的 A 类存货，应重点管理和养护，以保证其质量，尤其要经常检查其库存，同时进行重点规划和控制，严格控制其库存量；对于 C 类存货一般应尽可能地减少日常管理工作，以减少管理成本，但可适当增大订购量和库存量；对 B 类商品的库存管理，原则上介于 A、C 两者之间。采用此种管理方法，能突出重点、兼顾一般，减少管理成本和库存量，消除库存积压和断货现象，提高经济效益和服务水平。

二、存货作业内容

门店存货管理主要包括仓库管理、盘点和坏品处理等。仓库管理是指门店商品储存空间的管理；盘点则是指对库存商品的清点和核查；坏品处理主要是指对仓库日常管理和盘点过程中发现的问题商品进行处置。

门店存货管理工作的重点是仓库管理和盘点作业。目前，由于我国商品配送能力有限，门店实施无仓库经营较困难，许多门店要么设置内仓，要么将货架加高，将上层作为储存空间，保持一定的商品储备，以保证门店正常销售。通过盘点作业，可以及时计算出店铺真实的存货、费用率、毛利率、货损率等经营指标，便于门店经营决策和业绩考核。因此，仓库管理与盘点作业是相辅相成的，科学、合理、安全、卫生的仓库管理，不但可以方便盘点作业，而且可以减少库存费用及损坏，及时、准确的盘点作业又可科学地控制库存，发现问题并及时处理。

（一）门店仓库管理

1. 库存区的概念

（1）库存区即用来存放商品库存的非销售区域；

（2）库存区包括卖场货架顶部以上空间；

（3）周转仓（后仓）；

（4）储存库（外仓）；

（5）体积小、贵重、易失商品应尽量放在卖场库存区，在后仓存放体积大、重量大或比较廉价的商品，所有后仓的纸箱要封箱、封底。

2. 库存区的安全码放

安全是库存码放的重要准则,对卖场的库存区来说尤为重要:

(1)无论在任何时间、地点,都要保证商品不能从库存区上掉下来;

(2)货物不能超高度码放(具体高度根据具体情况决定),要考虑承重和受力;

(3)货物与灯源之间必须保持消防规定的距离(75厘米),同时不能阻碍消防喷头和其他一些电子设施;

(4)易燃性商品要存放在特别区域;

(5)上高货架的商品码放在卡板上后,要用收缩膜缠包后才可上架,商品在卡板上码放的高度不得超过1.4米。

3. 仓库的防火

(1)库房内不准吸烟、动用明火及使用以发热为主要功能的电器产品;

(2)库存区消防器材应摆放在明显位置,不能随意挪位、挪用;

(3)库房内严禁使用60瓦以上的灯泡及碘钨灯,灯头与货物之间距离为75厘米;

(4)库房内要留有通道;

(5)定期组织库房工作人员进行消防演习,加强防火意识。

(二)门店盘点作业

门店盘点作业,是加强商品管理、考核商品资金定额执行情况的重要环节,既可以掌握各种商品的实存数量,落实库存,摸清家底,为有效的商品配制及货源组织提供可靠依据,又可以据此判断库存结构是否合理,找出经营管理方面存在的问题。因此,我们不仅要学会盘点,而且要通过商品盘点来提高自身的经营管理水平。

1. 盘点的目的

超市在营运的过程中存在各种损耗,有的损耗是可以看见和控制的,但有的损耗是难以统计和计算的,如偷盗、账面错误等。因此需要通过盘点来得知超市的盈亏状况。通过盘点,可以达到如下目标:

(1)超市在本次盘点的亏盈状况;

(2)超市目前最准确的库存金额,将所有商品的电脑库存数据恢复正确;

(3)发现损耗较大的商品,以便加强管理、控制损耗;

(4)发掘并清除滞销品、临近过期商品,整理环境,清除死角;

(5)控制存货,以指导日常经营业务。

2. 盘点的原则

(1)真实。要求盘点所有的点数、资料必须是真实的,不允许作弊或弄虚作假、掩盖漏洞和失误。

(2)准确:盘点的过程要求准确无误,无论是资料的输入、陈列的核查、盘点的点数,都必须准确。

(3)完整。盘点过程的所有环节,包括区域的规划、盘点的原始资料、盘点点数等,都必须完整,不要遗漏区域、遗漏商品。

(4)清楚。不同的人员负责不同的工作,因此所有资料必须清楚,人员的书写必须清楚,货物的整理必须清楚,才能使盘点顺利进行。

3. 盘点的计算公式

盘损率 = (账面库存 − 盘点实际库存)/盘点周期总销售金额 × 100%

账面库存 = 上一次盘点库存 + 盘点周期的采购成本 ± 分店转货成本 − 盘点周期的销售成本

公式解释:

(1)盘点的金额是以成本的价格为基础进行计算的;

(2)盘点的实际库存 = Σ 单品盘点数 × 单品成本价格;

(3)转出本店的,成本为"减",转入本店的,成本为"加";

(4)盘点周期的总销售金额与库存成本必须是同时不含税或同时含税的金额。

4. 盘点作业流程

步骤一:盘点基础工作,包括盘点方法、账务处理、盘点组织。

(1)盘点方法。针对未销售的库存商品,进行实地的商品数量清点统计,清点后,根据零售价结算店铺所存的库存零售额,作为本次盘点作业的结果。

(2)账务处理。门店由于商品种类繁多,各种商品的实际成本的计算有一定的困难,所以一般采用"零售价法"进行账面盘点,其中:

账面金额 = 上期库存零售额 + 本期进货零售额 − 本期销售金额 + 本期

调整变价金额

（3）盘点组织。盘点工作一般都由店铺自行负责,总公司财务部则予以指导和监督,对直营店的盘点工作负前期责任(重点是门店盘点的真实性、账务相符)。随着连锁规模的扩大,盘点工作也需专业化,由公司审计部门负责成立盘点小组,频繁地抽查直营门店,确保商品实际存量的准确性。

（4）奖惩规定。商品盘点的结果一般都是盘亏,即实际库存金额小于账面金额,但只要在合理范围内,就可视为正常。盘点盘亏的多寡,可表现出店内人员的管理水平,所以有必要对表现优异者予以奖励,对表现较差者予以处罚。

步骤二:盘点前的准备工作。

盘点前除了把握由公司总部所确立的盘点基础工作规范外,还必须做好盘点前的准备工作,以利于盘点作业顺利进行。盘点前的准备工作包括:

（1）人员准备。由于盘点作业须动用大批人力,通常盘点当日应停止任何休假,并于一周前安排好出勤计划。

（2）告知顾客。采用停业盘点,则最好提前三天贴出安民告示,通知顾客,以免让顾客白跑。

（3）盘点前指导。盘点前一天应对参加盘点的人员进行必要的指导。

（4）商品整理。对货架上商品做好一货一签等工作。

（5）盘点工具准备。预先抄好盘点报表,预先填好有关项目,分配盘点工作。

（6）通知厂方暂停送货,将发票补齐。

（7）报损。

（8）处理会计账务,保证账务正确。门店应派专人负责送货单和发票的保存、登记、销账的工作,规范门店直送商品入账,防止发生未达账没有全部入账,或送货单重复入账的情况。

（9）单据整理。为了尽快获得盘点结果,盘点前应整理好如下单据:进货单据、进货退回单据(红冲单)、变价单、销货单、报损单、调拨单、前期盘点单据欠条等。

（10）残次商品处理。

步骤三:盘点中的作业。

盘点作业顺序:先点仓库、冷冻库、冷藏库,后点卖场。

盘点作业正式开始前,首先分配盘点区域的责任人员,说明盘点工作的重要性,然后是发放盘点清单,告知填写的方法。

步骤四:盘点后处理。

盘点作业结束后,统计出商品的盘点金额。要审核有无规格上的计量差错,对出现的一些不正常数字要进行确认,门店要将盘点结果送总部财务部,由财务部将所有盘点数据汇总。

若确认盘点记录无异常情况,就要进行第二天正常营业的整备和清扫工作,这些善后工作的内容包括补充商品、将商品的陈列恢复到原来的状态、清扫通道等,达到整个门店第二天能正常营业的效果。

盘点出现差错的原因如下:

(1)账存数有误;

(2)工作疏忽和品种数量上的差错;

(3)盘点报表计算错误;

(4)管理不善和有关人员工作失职造成损失;

(5)不法分子营私舞弊和外来人员盗窃侵占造成损失。

差错处理方法如下:

(1)如果是账务差错,则纠正账务;

(2)如果是有关人员失职造成差错,应责令其赔偿;

(3)无法查明差错原因的商品,应填写"财产损益报告单",上报公司总部。

复习题

一、简述题

(1)门店进货有哪些原则?

(2)简述进货作业的流程。

(3)简述进货作业中各环节的注意事项。

(4)门店存货作业的目的是什么?有哪些原则?

(5)简述门店仓库管理的注意事项。

(6)简述盘点的流程及注意事项。

二、案例分析题

某超市盘点盈亏分析报告

某超市于20××年×月×日盘点,整理完盘点数据后,发现此次盘点结果不尽如人意。经过数据分析,主要由以下原因造成:

1. 在电脑系统中操作不当

(1)商品条码录入错误,导致销售的数据记录在了其他商品的头上,盘点时形成两个商品一个盘赢,一个盘亏。

解决办法:规范所有商品条码,特别是在采购进货上进行严格把关,最好在验货的时候仔细检查有问题的商品条码和系统中对应的该商品的条码是否一致,以及品名是否准确一致。

(2)同一个国际条码的商品因为进货的时间不同(自购商品)在系统里面登记了两个商品资料,即分配了两个内码,收银员按照扫描条码的方式销售,必然造成一个编码的商品始终在系统里面显示没有销售,而另外一个编码的商品不断形成负库存,因为入库的时候是另外一个编码入的库。

解决办法:通过电脑系统进行查询并将商品重新归类清查、校验,如果发现有此类情况出现,则删除其中一个无用的商品代码,删除前必须慎重检查哪个条码是正在使用的。

(3)供应商送货到仓库,没有及时登记进货单,或者登记了单据没有审核,造成系统里面没有记录库存,而卖场却已经有货,形成商品的盘赢。出现这种情况多是由于供应商附送赠品,当然也有部分原因是前期开业,供应商来不及打单,造成漏录入库货单所致。

解决办法:对于供应商送货的时候有赠品的情况,必须录入系统,同时要求供应商叮嘱电脑员打印赠品入库单,否则不予结算。对于未审核的入库单,则在盘点前必须检查所有入库单、入库退货单、库存调整等单据,并且审核该部分单据。

(4)商品已经退货给供应商,但是没有及时登记退货单,造成系统里面的库存没有及时扣除,而货物已经拉走,形成商品的盘亏。从目前看,这种可能性不是很大,因为退货量很少。

解决办法:规范商品退货流程,把握几个原则:①退货必须由采购人员和供应商协商好;②仓库负责退货的人员必须看到商品入库退货单后才能退货;③凡是离开卖场的商品,必须由防损员检查供应商是否有退货单以及检查退货单的商品和实际货品是否一致。

（5）由于操作失误，进货单录入重复，造成盘亏。

解决办法：这属于操作性失误，只能在平时多加注意，所有进货单必须有对应的采购订单，否则不允许直接录入进货单，同时限制电脑员直接录入商品入库单（赠品入库单除外），限制电脑员修改单价和数量。

（6）盘点单输入重复，造成盘点数虚高，形成盘赢。

解决办法：通过电脑员修改系统参数可以避免此类情况的发生。

（7）内部领用的商品没有通过 POS 机销售，也没有在系统里面及时登记报损单，造成盘亏。

解决办法：所有内部领用商品都必须在前台销售过机，不允许出现签单、签名直接越权领用超市商品的现象。

（8）超市打标价签的人员由于操作疏忽或者和电脑部人员协调不好，造成货品和标价签不一致，造成盘点人员在盘点的时候出现货品张冠李戴的现象，该现象在百货类商品出现频率非常高。

解决办法：①对于所有百货类商品重新规范归类（代码、货品名称、规格），归类完成后，由电脑操作人员在电脑系统中修改正确；②平时超市货品主管凡是发现有不规范、条码和货品张冠李戴现象的，必须通知电脑部修改正确；③对于没有条码的货品，在打印标价签的时候，要多注意打印得是否正确，如果可行的话，最好在 POS 系统过一下机，校验打印标价卡的数据是否正确；④从进货源头就予以严格控制，责任到人。

2. 属于盘点过程中操作不当

（1）盘点的人员不熟悉商品和盘点流程，造成漏点、重点，或者不同规格的商品按照同一个商品来盘点。多以方便面、饮料、洗发水为主。

解决办法：①所有卖场人员平时应注意熟悉商品结构；②不仅仅是在盘点前对卖场人员进行培训，培训工作应该贯穿于平时的工作流程中；③参加盘点的工作人员应该端正态度，加强责任感；④实行交叉盘点复查制度。

（2）有些商品外观极其类似，价格也一样，但是规格不同，比如口味、颜色、效用等，在验收入库的时候，仓管人员没有很好地加以区分，只是确认了总数量就通过了。事实上，供应商可能把几种规格的商品混在一起送货，各自的数量和送货单均有偏差，造成这一系列的商品在盘点的时候均出现盈亏，实际上总数是不盈不亏的，但是由于每个货品的价格不一致，导致盈亏金额的产生。

解决办法：①加强仓管人员对于商品结构的熟悉程度；②验货工作人员验货时一定要仔细；③实行验货监督机制，如果出现此类现象，则实行责任到人。

（3）商品名称在建立的时候过于简化，从商品名称无法直接判断商品的大致类别，比如"611""009""2400"等，盘点复查不方便，导致效率低下。

解决办法：①采购人员在引进新品的时候，必须要求供应商把货品的详细资料提供给我方；②货场管理人员平时应多留意该部分商品，发现系统品名和实际货品不一致的，必须通知电脑部修改。

综上所述，通过该次盘点，目前总的盈亏成本金额是7 966.61元，总的仓库金额在70万元左右，按照千分之五的合理允许盈亏金额统计，那么实际应该进行赔偿的金额为7 966.61 - 700 000 × 0.005 = 4 466.61元。同时，由于此次盘点中大部分人员是新手，对于商品结构都很不熟悉，所以大部分的盘点盈亏都是由于误盘和漏盘造成，卖场实际的盈亏金额应该比7 966.61元低。根据盘点目前出现的问题，特建议从以下方面入手进行改进：

（1）进行业务流程重建，规范优化业务流程，找出不合理和漏洞比较多的关键点；

（2）平时要加强员工培训，并且贯穿于整个工作流程中；

（3）对于贵重、易盗物品实行台账建立制，由于该类物品品类少，应实行每天盘点交接制，若出现盈亏，则当天进行奖惩；

（4）重新校验目前的商品，主要校验条码、品名、价格、标价卡、规格等是否正确；

（5）建立合理的绩效考核机制，调动员工的积极性，增加员工的归属感。

请结合案例，为该门店的盘点制订合理的流程。

本章小结

本章首先讲解了门店进货的概念和原则，具体分析了订货作业、收验货作业、退换货作业、调拨作业等四项主要进货作业流程；其次讲解了存货作业的原则、方法，重点讲解了仓库管理和盘点作业的要点。

第六章

门店预算编制与成本控制要点

学习目的与要求

通过本章的学习,对连锁门店预算编制的意义、特点、方式以及预算的实施与控制方法有全面的认识;掌握连锁门店预算编制的重点;掌握经营费用、人效与人数、时效与时间量等门店成本控制要点。

关键词

预算编制　成本控制

导入案例

百安居成本控制

节俭从来就不是个大问题,但却需要大本领才能做得彻底、做得不留遗憾。特别是对于当今的零售行业来说,利润微薄的同时还要快速扩张,不实行低成本运营就难以生存,可谓成本决定存亡。

百安居(B&Q)隶属于世界500强企业之一、拥有30多年历史的大型国际装饰建材零售集团——英国翠丰集团,自1999年进入中国内地,至今已开设了23家分店。中国公司2004年的营业额约为32亿元人民币,利润达7 000万元人民币,如此财大气粗的公司却将节俭作为一种生存哲学,在日常的运营中阐释着什么叫"细者为王"。

一、客户不会为你的奢侈买单

北京四季青桥百安居一楼卖场,偏僻的西南角摆了张小桌子,来访者在有些破旧的登记簿上签字后,通过狭窄的楼道,华北区的百安居总部就借居在此,与明亮宽敞的卖场相比,办公区显得有些寒碜。

华北区总经理办公室照样简陋,一张能容6人的会议桌,毫无档次可言的普通灰白色文件柜。没有老板桌,总经理文东坐的椅子(用"凳子"这个词也可以)和普通员工一样,连扶手都没有,就这几件物品,办公室里已不宽裕。

总经理手中的签字笔只要1.5元,由行政部门按不高于公司的指导价去统一采购——这听上去有些令人惊讶。而他们选用廉价笔的理由是:既然都能写字,为什么要用贵的呢?

这就是百安居的节俭哲学:企业的所有支出,都是建立在可以给客户提供更多价值的基础之上。换句话说,企业所有的投入都应该为客户服务,以提供给客户更多的让渡价值为本。

于是有没有老板桌不成为问题,选择廉价笔也理所当然!对于那些对客户没有直接价值的支持部门进行照明控制,对空调温度的控制同样如此。

因为客户不会为你的奢侈买单!

正是由于这种节约的意识,使百安居的营运费用占销售额的百分比远低于同行。以百安居北京金四季店为例,京城另一家营业面积同样为2万平方米的建材超市,销售额只有金四季店的1/2,营运费用却比金四季店多出一倍。

二、价值分析的全球坐标

价值分析的要义就是从客户的角度评估企业的所有支出,百安居的数据库不会让客户多花一分冤枉钱,这就是最好的选择。

通过多年来在全球范围内的经营活动,百安居随时注意收集各地的数据,并据此形成各种费用在不同情况下的不同标准,包括核心城市、二类城市,单层店、二层店等不同参考体系。而且在已有的控制体系中,当标准同实际实施情况进行比较时,任何有助于降低成本的差异都能够被用来作为及时更正的依据。

以百安居的人事成本控制为例,他们控制的是总量,特别是员工数量,而对员工的个人收入不加限制,简单地说,人力配置项目与人均利润息息相关。

2万多平方米的卖场,只有230多名员工,平均100平方米配置1名。顾客所看到的店员由三部分人组成,固定员工、供应商派过来的促销员、配送和收银的部分小时工,在衣着的颜色和标识上会有区别。

此外,临时工占员工总数的20%~30%,目前主要只在部分配送和收银工作中使用。人员配置的调整,主要以部门、全店、全国人力效率(每小时的销售额)的对比为主来考虑,其次再考虑商店的具体情况(如卖场形状、面积、现货比例等)。人员的配置主要包括与销售相关的部门以及支持部门。

在此后的运营过程中,会根据实际情况继续对人员配置进行调整,如销售部门的员工配置,他们会设置以各部门为纵向坐标,以"标准配置、实际配置、建议配置、销售达成、员工效率"等项为横向坐标的表格进行分析汇总(商店部门员工效率=部门销售实际/部门人时;前后台部门员工效率=商店销售实际/部门人时)。而对防损、物业、行政、团购等支持部门,主要采取定岗编制,调整原因则以事实描述为主。

三、精细化管理的立体行动

有了价值分析,有了全球数据库对比,有了标准,唯一困难的就是如何确保实施。一个人节俭比较容易,而要让6 000多名员工,在超过300 000平方米的营业区内将节俭发展成一种组织行为,则非常困难。但百安居办到了!

没有数字衡量,就无从谈及节俭和控制。

对于一些直接的、显性的成本项目,"每一项费用都有年度预算和月度计划,财务预算是一项制度,每一笔支出都要有据可依,执行情况会与考核挂钩。"卫哲说。

"员工工资、电费、电工安全鞋、推车修理费……"5月份的营运报表上记录着137类费用单项。其中,可控费用(人事、水电、包装、耗材等)84项,不可控费用(固定资产折旧、店租金、利息、开办费摊销)53项。尽管单店日销售额曾突破千万元,但营运费用仍被细化到几乎不能再细化的地步,有的甚至单月费用不及100元。

每个月、每个季度、每一年都会由财务部门汇总后发到管理者的手中,超支和异常的数据会用红色特别标识,管理者会对报告中的红色部分相当留意,在会议中,相关部门需要对超支的部分做出解释。

预算只能对金额可以量化的部分进行明确的控制,但是如何实施?那些难以金额化的部分怎么降低成本呢?百安居的标准操作规范(SOP),将如何节俭用制度固化下来,取得了良好的效果。

一套成形的操作流程和控制手册在百安居被使用,从电能、水、印刷用品、劳保用品、电话、办公用品、设备和商店易耗品八个方面提出控制成本的方法。比如将用电的节俭规定到了以分钟为单位,如用电时间控制为7:00~23:30,依据营业、配送、春夏秋冬季和当地的日照情况划分为18个时间段,相隔最长的为7个小时,相隔最短的仅有两分钟。

"我们希望所有员工不要混淆'抠门'与'成本控制'的关系,原则上,'要花该花的钱,少花甚至不花不该花的钱',我们要讲究花钱的效益。"《营运控制手册》的前言部分如此写道。而且"降低损耗,人人有责"的口号随处可见。这种文化的灌输从新员工入职培训时就已经开始,并且在每天晨会中不断地灌输、强化。

资料来源:石斌,百安居的日常成本控制,http://www.gdpx.com.cn/news/201166358.shtm,2011-02-24 08:35。

思考题:结合案例谈谈,你认为一家门店要控制成本,可以从哪些方面入手。

第一节　门店预算编制

连锁业者对于预算的执行与控制,是管理上极为重要的工作,尤其是大型门店,为了完成整店的有效管理,有关预算的管制更是不可或缺的。

一、预算管制的意义和特点

预算管制是公司经营层通过征询各部门的意见,综合整体的经营观点,与各部门进行营运的协调与调整,以科学的方式加以编制,同时注意各项作业实施中的控制,并以计数管理方式展开的。

所谓的预算管制,必须包括下列特点:

(1)门店的经营管理可以分为计数与非计数的方式,但为求管理上能做出客观的比较,预算必须以计数管理为基础。

(2)预算管制要从全公司的经营管理着手。由于公司的营运是通过销售、采购、管理、财务等各部门的功能加以实现,因此实施的对象也应以全公司的各个部门作为参考,而不能仅偏重于某一部门。

(3)预算管制要征询各部门的意见。为求经营目标的达成,应考虑各部门的实际意见,予以综合,以便于控制作业的执行。

(4)预算管制要运用科学的方式,经营管理者必须通过管理计划机能,以科学的、统计的方法加以设定。

(5)预算管制在推动之际,一定要对各部门的关联作业予以调整,以配合公司整体的目标展开。

(6)预算管制的最后作业就是控制,针对实际与预算的差异,在事前做有效的控制,且在事后予以深入分析比较,发挥预算管制的作用。

二、预算编制方式

(一)由上而下

负责预算的部门,根据各参考资料进行设定后,以经营管理者的立场,强制各部门执行。此一形态对于实际执行部门的意见未予考虑,此为其缺点。

(二)由下而上

由各相关部门编成预算,而加以汇总之后即称预算的编成。此一形态对于最高管理者的意见未加考虑,此为其缺点。

(三)折中法

这种方法为预算编成上较常使用的形态,即由最高管理者指示预算编成的方针,而相关部门在此范围内完成预算的编列。

三、预算的实施与控制方法

(一)事后幕僚部门管理法

在预算实施之后,由幕僚部门根据执行的实际状况与预算加以比较,针对差异进行分析,并提出改善的方案。

(二)事前执行部门管理法

在预算实施之前,由执行部门针对预算提出实现方案,并且研究实现的指导方法,具有自我管理的特色。

(三)两者并用法

事前由执行部门进行预算控制的推进,事后再由幕僚部门予以强化预算的控制分析,通过差异分析提出改善对策。

四、预算编制的重点

(一)营业额预算

在编列营业额预算时,必须根据企业过去的营业状况,同时考虑未来市场的情况,再配合经营方针,进行营业额的设定。

在进行各种资料的比较分析时,应将以往营业实际的变动趋势列出,再依此进行营业预算的预测,而变动趋势可以包括长期趋势、循环的变动、季节的变动、不规则的变动等。

在市场分析方面,针对市场的规模与特性进行需求预测,可以包括质与量的分析,对于影响市场的要素,诸如人口数、所得额、消费倾向、竞争企业的营业额、门店数、店铺面积、营业日数、天候、景气、物价等作深入的调查与比较。同时配合经营方针,设定营业额预算。

(二)进货预算

营业额预算编成之后,在决定销货成本与进货预算时,必须先求得销货毛利率的预算,再据此求出销货成本预算。

1. 销货毛利预算

(1)在决定销货毛利率时,可依据过去数年度的销货毛利率进行时间数列的分析,同时也可针对特定相关门店的资料开展调查,相互比较后预估总毛利率。

(2)将各部门对毛利率的调查汇总成全公司的总毛利率,通过两方面资料的比较与调整,借以决定总毛利率的预算。

2. 销货成本预算

销货成本预算 = 营业额预算 × (1 − 预定总毛利率)

通过销货成本的预算,进一步推算出进货预算,若公司的营业构成方面也包含专柜式的经营,则在推算进货预算时,应先将专柜部分剔除,而以自营部分的销货成本预算来推定采购的进货预算。

3. 期末库存预算

期末库存预算 = 营业额预算 / 预定商品周转率

在设定库存预算时,必须先取得商品周转率资料,在决定周转率时,可依据公司过去的营业实绩与年终期末存货资料予以推算,同时也可参考同业的资料,拟订预定商品周转率。

4. 进货预算

进货预算 = 销货成本预算 − 期初库存预算 + 期末库存预算 + 损耗预算

(三)经营费用预算

1. 经营费用类别

(1)人事类费用,如薪资、津贴、加班费、奖金、退职金准备、福利金等;

(2)设备类费用,如修缮费、折旧准备、租金、保险费等;

(3)维持类费用,如水电费、消耗品费、事务费、杂费等;

(4)营业类费用,如广告宣传费、包装费、增值税等。

2. 预算设定

预算可分为固定费用类与变动费用类,并针对过去实绩予以检验分析,从而测定可能增加的幅度,进行预算额的估算。其公式为:

经营费用预算 = 营业额预算 × 预计变动费用率 + 预计固定费用

3. 预算编列基础

为了求出各部门的经营绩效,可以依据各门店或部门类别,必要时也可依据商品类别进行营业额、进货额、经营费用等预算的编列,至于经营费用类的预算编列,可依据费用的归属或者以营业面积、使用人数、营业状况等作为分担基础,借以完成部门类别或门店类别的损益预算。

(四)现金收支预算

损益预算编定之后,为求营运资金的收支能够配合公司的经营,有关现金收支的预算也成为管理的重要课题。一般而言,在资金的流入面是资产的减少及负债的增加,在资金的流出面是资产的增加及负债的减少,因此在进行资金收支预算编列时,可以依据此原理编制资金收支预算表,此表可以作资金收支预算及管理控制之用。

第二节　门店成本控制要点

具体而言,门店营运与管理的目标主要体现在如下两个方面:

(1)营业收入的最大化。如果营运成本既定,营业收入的最大化意味着门店利润的最大化。营业收入等于交易次数乘以客单价,才能实现门店的利润目标。但这并不是盲目地或单纯地运用各种促销方式就能达到的,须通过正常的标准化营运作业才能实现。

(2)营运与管理成本的最小化。营业收入不管怎么提高,如果不严格控制门店各环节的损耗费用,那么门店可能只有很低的利润甚至亏损,所有的努力都将白费。相反,如果能够很好地控制营运与管理成本,使营运损耗最小化,则即使营业收入稳定不变也能实现利润的最大化。因此,控制营运与管理成本、减少损耗是提高经营绩效的一条重要途径,也是门店营运管理的主要目标。

首先我们看看门店利润的几种不同的计算公式:

(1)利润=客单价×客单数×平均毛利率-经营费用

(2)利润=坪效×坪数×平均毛利率-经营费用

(3)利润=人效×人数×平均毛利率-经营费用

(4)利润=时效×时间量×平均毛利率-经营费用

(5)利润=单品销售额×单品数×平均毛利率-经营费用

上面的公式中,公式(1)是我们最熟悉和被普遍运用的,对其他几个公式一般都不怎么重视。然而在实际的门店运营中,合理全面地控制门店的盈利点对于利润能力的提高是极为重要的。下面我们重点看一下经营费用、人效、人数、时效、时间量等控制点。

一、经营费用

经营费用是一个防守的控制点,控制经营费用能够降低门店的投入,但不能从积极的方面促进盈利的提高,并且其控制力是有限的。

门店在一定时期内从事经营业务活动所发生的费用和销售商品所发生的费用称为期间费用,由营业费用、管理费用、财务费用组成。营业费用是指门店在销售商品、提供劳务等过程中所发生的费用和销售商品所发生的费用;管理费用是指管理部门为组织和管理生产经营活动而发生的各项费用;财务费用是指为筹集资金而发生的各项费用。

除了以上期间费用外,门店中主要还有人工费用、变动费用、固定费用等。其中:

固定费用=人工费用+固定资产折旧+水电费

变动费用=广告费+包装费+业务活动经费

费用如果过大,或者未能完成费用预算,说明门店在经营过程中存在某些问题,而这些问题归根结底大多属于门店管理中的问题。一个门店如果在内部管理中存在问题,比如制度不严、责任不明、效率低下、浪费严重等,那么通过费用的分析,具体地说明这些问题,就能促使企业采取相应措施,有针对性地改善经营管理,节约开支,降低费用,提高成本管理水平,增强企业在市场上的竞争能力,最终取得良好的经济效益。

可控的经营费用包括人工成本、存货损耗、水电暖、耗用品、修理费、营销费用、运输费、通信费、环境费及其他可控费用等。对于可控费用应坚持通过合理的控制(包括运用新的技术和设备),用最低的投入产出最大的效益。

不可控的经营费用包括租金支出、折旧及摊销等。对于不可控费用,在未形成和定义之前要根据实际的经营情况合理配置;在已形成和定义之后,如果有空闲的资源要积极地转嫁出去,比如再出租和出售等。

二、人效与人数

(一) 人效

与坪效一样,人效常常被定义为销售额/人数,也是一个被动的量,这是不对的,应当把公式变化成销售额 = 人效 × 人数,从而使人效成为一个积极的量,这对于管理者的工作更加有意义。对于零售业的工作来说,每日的工作量大体是相同的,也是有规律的,在符合劳动政策的情况下,用更少的人员完成所有的工作是提高人效的方法,当然这是与员工素质(包括心态、品质、技能等)以及管理人员的管理技能(合理地分配工作、员工排班、员工激励等)息息相关的。

(二) 人数

人员是根据岗位的需求设置的,它一般是一个定量,但如果这个定量不合理就应该予以更改。影响人数的因素有人效、流程、岗位设定等,在任何合乎法律规定的情况下,如果人员的变化能够带来利润的增加,那么对于公司的运作来说都是合理的。

"隐性人数"是一个值得关注的问题,在卖场中由生产商或经销商提供的促销员,他们不涉及公式中人数和经营费用的变化,却可以极大地提高人效,对于"隐性人数"的控制应该引起所有管理人员的注意。

三、时效与时间量

（一）时效

通常人们所了解的时效是一个平均的量：时效＝销售额/时间量，这种对时效的理解淡化了不同时间段时效高、低的区别，容易被管理人员忽视。往往管理人员大体都能知道一天的客流高峰期和低峰期，却只认为这是规律，没有想过要改变这种情况。如果门店能在时效的低峰期采取适当的方式，比如举办针对该时段的促销活动和商业推广等，将会使低峰期的时效得到一定程度的提高。如现在正在被广泛运用的"淡季促销"。

时间量

从公式来看，随着时间量的增加，销售额是增加的，但是时间量的增加也会带来经营费用的增加，另外的问题是能够增加的时间量都是时效较低的时间段，所以是否增加时间量必须考虑其所带来的毛利增加能否抵消经营费用的增加。

与此类似，对于时效较低的时间段（初始营业和即将停业的时间段）能否减去不营业，也要看该时间段的利润情况。目前业内就存在上午不营业的门店。

复习题

一、简述题

简述门店预算编制的重点内容包括哪些。

案例分析题

沃尔玛的成本领先战略

零售企业成本领先战略的实施主要体现在对商品购、存、销流转过程中所有环节的成本和费用进行控制，只有降低商品的进价成本、物流成本和经营管理费用，才能实现商品流转的全过程的成本费用控制。在这方面，沃尔玛无疑是零售业成本领先战略最彻底的实施者和经营典范。

沃尔玛的经营宗旨是"天天平价，始终如一"，它指的是"不仅一种或若干种商品低价销售，而是所有商品都以最低价格销售；不仅是在一时或一段时间低价销售,而是常年都以最低价格销售;不仅是在一地或一些地区低价销售,而是在所有地区都以最低价格销售"。正是出于力求使沃尔玛的商品比其他商店更便宜这一指导思想,使得沃尔玛成为本行业中的成本控制专家,它最终将成本降至行业最低,真正做到了天天平价。我们以沃尔玛为例,看看零售企业成本领先战略的具体实施方法。

1. 进货成本控制

进货成本是企业成本控制的重点,尤其是零售业成本控制的关键。要取得较低的进货成本,必须大批量进货、大批量销售,享受价格上的批量折扣优惠,充分发挥现代大商业的规模效应。企业将这种大批量低成本进货的优势,进一步转化为相对较低的价格竞争优势,从而形成对消费者的购买欲的有效刺激,并使零售企业在激烈的竞争中占有主动权,形成企业经营的良性循环。

在进货方面,沃尔玛采取了以下做法降低成本:

一是采取中央采购制,尽量实行统一进货,尤其是在全球范围内销售的高知名度商品,如可口可乐等,沃尔玛一般会一次性签订一年销量的商品采购合同,由于数量巨大,其价格优惠远远高于同行,形成他人无法比拟的优势。

二是买断进货,并固定时间结算。由于零售市场变化莫测,为了规避经营风险,许多商家纷纷采用代销的经营方式,把风险转移给厂家承担,但这也提高了零售企业的进货成本。而沃尔玛却实施买断进货政策,并固定时间结算货款,决不拖延,这虽然要冒一些商品积压、滞销的风险,却可以大大降低进货成本,赢得供应商的信赖。

三是和供应商采取合作的态度。沃尔玛由于采购量巨大,一般从工厂直接进货,并同供应商保持长期合作的关系,通过电脑联网,实现信息共享。供应商可以第一时间了解沃尔玛的销售和存货情况,及时安排生产和运输。由于效率提高,供应商成本降低,沃尔玛也可以将获得的优惠让利给顾客。在这种合作模式下,供应商、沃尔玛和顾客三者都是赢家。

2. 物流成本控制

物流成本控制水平是衡量零售企业经营管理水平的重要标志,也是影响零售企业经营成果的重要因素。快捷的信息反馈和高效的物流管理系统,可以使商品库存量大大降低,资金周转速度加快,企业成本自然降低。沃尔玛在物流管理上也让同行望尘莫及,沃尔玛建立了强大的配送中心系统,拥有全美最大的私人卫星通信系统和最大的私人运输车队,所有分店的电脑都和总部相连,配送中心从收到店铺的订单到向生产厂家进货和送货,只要两天的时间,而美国另两家大型折扣商店凯马特和达格特则需要5天。沃尔玛的物流费用率比后者低60%以上。沃尔玛的物流效率之所以高,是因为他们运用了最先进的信息技术,集团中专门从事信息工作的科技人员有1 200多人,每年投入信息技术方面的资金不下5亿美元。

20世纪90年代初,沃尔玛就在公司总部建立了庞大的数据中心,全集团的所有店铺、配送中心和经营的所有商品,每天发生的一切与经营有关的购销调存等详细信息,都通过主干网和通信卫星传送到数据中心。管理人员根据数据中心的信息对日常运营与企业战略做出分析和决策。

沃尔玛的数据中心也与供应商建立了联系,从而实现了快速反应的供应链管理。厂商通过这套系统可以进入沃尔玛的电脑配销系统和数据中心,直接从POS系统得到其供应的商品流通动态状况,比如不同店铺及不同商品的销售统计数据、沃尔玛各仓库的存货和调配状况、销售预测、电子邮件与付款通知等,以此作为安排生产、供货和送货的依据。生产厂商和供应商都可通过这个系统查阅沃尔玛最后100周的全球销售数据,并可据此分析市场前景、消费趋势等,以调整产品结构和制订产销计划。这套信息系统为生产商和沃尔玛两方都带来了巨大的利益。

3. 其他费用控制

沃尔玛的成本控制,体现在所有细小的环节上,在沃尔玛的各级管理人员办公室里,看不到昂贵的办公用品、家具和地毯,也没有豪华的装饰,公司还经常鼓励员工尽力为节省开支出谋划策,并不断奖励和提拔那些在损耗控制、货品陈列和商品促销方面有创意的员工。沃尔玛商店装修简洁,商品多采用大包装,同时店址绝不会选在租金昂贵的繁华商业地带。

此外,在广告宣传大肆泛滥的今天,沃尔玛却尽量减少广告费用,他们认为保持天天平价就是最好的广告,因此沃尔玛不用作太多的促销广告,而是将节省下来的广告费用,用来推出更低价的商品以回报顾客。

在零售业同行中,沃尔玛的广告费用最低,但销售额最高。由此可见,沃尔玛的成功在于始终如一地坚持了山姆·沃尔顿的立业原则之一:"比竞争对手更节约开支。"这使得公司能够长期把商品价格保持在最低水平线上。表6-1是沃尔玛在成本控制方面与同行比较的一些数据,从中可以看出沃尔玛实施成本领先战略所形成的竞争优势。

表6-1 沃尔玛在成本控制方面的水平

项目	沃尔玛	行业平均水平
进货费用占商品成本的比例	3%	4.5%~5%
由分销中心供货的比例	85%	50%~60%
补货时间(从商店开出订单到得到补货的平均时间间隔)	2天	5天
管理费用占总销售额的比例	2%	5%
商品损耗率	1.2%	3%~5%

请结合案例分析:连锁企业门店如何实现通过控制成本领先市场?

本章小结

门店预算管理有助于门店管理者完成整店的有效管理;预算管理有六大特点;预算编制有三种可选择的方法,有四个方面的重点内容。为了实现门店运营与管理的两大目标,需要严格控制经营费用,重点提高人效和时效。

第七章

门店促销管理

学习目的与要求

通过本章的学习,掌握门店促销组合和促销方式;能够运用门店促销流程知识进行门店促销策划;能够运用门店促销实施流程知识贯彻促销方案。

关键词

促销组合　促销方式　促销策划　促销实施

导入案例

某购物中心周年店庆促销策划书

一、企业销售状况分析

企业销售状况分析是企业促销策划的前提。某购物中心商城是目前某省省内最大、档次最高、设施最好、功能最齐全的现代化大型购物中心,面积5万多平方米,经营16万多种国内外名优精品。某购物中心商城自开业以来,取得了良好的社会效益和经济效益,销售额、利税额等各项指标均以每年两位数的速度递增(因为缺少近几年销售情况如销售额、销售量、市场占有率等方面的资料,在此只能做个大体的总结)。

二、促销产品范围、市场范围、促销周期

首先,由于没有掌握某购物中心商城的不同产品的销售情况资料,因此暂时选择了一个比较广泛的促销范围,包括生活园地、名品殿堂、绅士之都、淑女丽苑、休闲世界、文体天地等。

其次,此次促销的市场范围是以某市市内五区为中心,向外部范围扩散。

最后,促销活动实行"短平快"的原则。通过各种方式来变相让利的销售促进活动,在某些时候是会降低品牌形象的,所以就把促销活动时间定为某购物中心商城周年店庆的前后两周,即6月16日至7月1日。

三、促销目标

一般来说,促销的目的就只有两个:一方面是为了提升销售量,争取更大的利润;另一方面就是为了提高自身的品牌形象。我们就是利用某购物中心商城成立周年店庆开展一系列的促销活动,充分树立与巩固其在消费者心目中的地位,提升某购物中心商城整体品牌形象,实现销售额的大幅度攀升。

四、促销策略和促销工具

促销策略是促销决策与管理的核心内容之一,也是企业能否打败竞争

对手、立于不败之地的一个重要因素,常用的促销策略有折价类促销、有奖促销、免费类促销、销售竞赛、联合促销、印花类促销、节庆促销、事件类促销、会员制促销、服务促销、组合促销等。

折价类促销是最常用的一种促销策略,制造商运用折价促销将产品源源不断地送入分销渠道,促使批发商、零售商大批进货,零售商运用折价促销努力地吸引消费者的注意力,激发购买欲望,扩大销售额,并以此与竞争对手抗衡,维持较高的市场占有率。在某市市场上,某购物中心商城最大的竞争对手贵和购物中心一般也采用这种促销策略,如春节期间的"满300送200"以及现在推出的新品春装优惠50元。

会员制促销是企业与消费者建立一种长期的相互信任的关系后,利用会员卡向会员提供各种优惠和特别服务的一种促销策略。会员制对企业的功能是与消费者建立正常的关系,借此培养消费者的忠诚度和提高初期的消费量,增加企业的竞争力。

根据对各种促销策略的分析,结合某购物中心商城本身的实际情况及对其主要竞争对手的分析,这次周年店庆采取以折扣类促销和会员制促销为主的促销策略,以报纸广告、宣传彩页为促销媒介。

五、促销活动方式与各阶段行动方案的安排

这是整个促销活动最为关键的一个组成部分。一般来说,促销活动的影响对象有三个,一是消费者,二是中间商,三是销售员。在此我们采取以消费者为主、以销售员为辅的促销活动。

整个活动时间为6月16日至7月1日。分为三个活动阶段:6月16日至6月20日为促销活动的预热期;6月21日至6月25日为整个活动的高潮期;6月26日至7月1日为活动的延伸期。

第一阶段(6月16日至6月20日):这是店庆促销活动的预热期,它是整个活动的起始点,也是颇为关键的部分,好的开始便是成功的一半。

在这一阶段主要采取报纸广告与宣传彩页的广告形式,力求把某购物中心商城周年店庆促销活动的消息进行最大化的宣传,并把这一阶段举行的各种促销活动在第一时间通过报纸广告告知消费者,把相关的促销活动以精美海报的形式张贴在某购物中心商城内,如门前、商场内楼梯口等。

相关促销活动有:

(1)凡在6月16日至7月1日期间,一次性消费622元及以上者,均可凭购物小票到服务台领取100元和200元的两用购物卡各一张,在某购物中心商城通用(注:购物中心超市与规定的个别专柜除外;100元与200元的购物卡不可同时使用,一人一卡限用一次,打孔作废,有效期至7月1日)。

(2)凡在6月16日至7月1日期间,累计购物满1 000元以上者均可凭购物小票到服务台办理某购物中心会员卡一张。

宣传彩页主要是针对会员这一消费群体。根据会员的数量招聘一定量的大学生兼职,比例约为80∶1,并进行一定的培训。再提前三天从会员档案中调出会员的联系方式,用一对一的形式,由兼职学生以派发、传送等形式把店内的促销宣传彩页和一封感谢信送到会员手中。

这样的方式不仅仅是在为提高产品销售量作准备,更是培养了会员的忠诚度。

第二阶段(6月21日至6月25日):随着预热期各项宣传策划工作的实施和完成,活动顺利进入高潮阶段。在这一阶段,第一阶段的促销活动仍在继续,并进入了销售量的直线攀升阶段。我们可以继续利用报纸广告对这一阶段的活动做好宣传,尤其是之后的时装走秀与"购物某购物中心,享受生活"歌唱比赛。

相关的促销活动有:

(1)凡在某市市内五区于6月22日出生的小朋友凭出生证与父母身份证,于21至22日两天之内(早9:00至晚9:00),当日购物满30元均可到商场门口领取生日蛋糕券一张,过时无效。

(2)6月22日便是某购物中心商城成立周年庆纪念日。可提前一天在正门前搭建一个大型舞台,举行夏季品牌化妆品展示、时装走秀及现场观众有奖问答等舞台营销。

(3)6月23—24日恰好是周末,某城广场周围的人流量也是比较大的,我们可以充分利用这个假日购物小高潮,于周六10:00~14:00在某城广场举办一次"购物某购物中心,享受生活"的大型歌唱比赛,由现场观众做评委,采取现场报名的活动方式,报名人数控制在百人以内,报名者均可获得一份精美的小礼品,以现场投票的方式决出冠亚季军,冠军可获得价值500元的购物券一张,亚军可获得价值300元的购物券一张,季军可获得价值100元的购物券一张。

第三阶段(6月26日至7月1日):活动的延伸期,这一阶段就是借助店庆的余热，实现销售额的突破，提升某购物中心商城的品牌形象，原计划的活动仍在进行中。6月30日与7月1日两天又迎来了一个周末，各部门的销售人员应把握好这最后的时间，为这次促销策划活动的圆满成功作最后的努力。

六、促销活动中对销售人员的管理

单独把对销售人员的管理列为一条，主要就是突出并重视销售人员在整个促销活动中的重要作用，可以说销售人员是整个促销策划活动的执行者，与消费者接触更为直接和密切。在促销活动之前对销售人员的培训是十分必要的，内容包括心理素质训练、身体素质训练、仪表和礼节训练、知识和技能训练，并在促销活动期间对销售人员的工作状况进行考核与评估，对表现出色的销售人员给予适当的奖励。这对促进销售人员增强遵守职业规章制度和职业道德的自觉性、调动其积极性有重要的意义。

七、对促销活动的监控

所有的策划活动都仅仅是一种思路和方法，要想成功还要把这种思路完善地贯彻下去，对执行环节的管理和控制不可忽视。

(1) 活动组织中的环节管控。由于活动往往涉及的部门和人员比较多且复杂，所以要提前专门为活动设置一个临时性的组织——活动组委会，然后分工实施、责权到位，如此才能够将一个复杂的活动有条不紊地贯穿起来，做到多位一体。

(2) 对突发事件要未雨绸缪。由于一切不可抗力或突发事件随时都有可能发生，所以在活动前就要专门针对未来种种结果进行预测和准备对策。

八、促销预算

从时间分配上来说，根据促销计划，第一、第二、第三阶段的广告费用分别占三成、四成和三成。促销活动预算，从理论上说用目标达成法计算比较科学。

九、活动效果评估

对商场各个部门的销售效果，分期作归纳总结；以抽样调查的方式开展市场调研，全面评估促销效果与促销目标之间的差距；委托各部门及时反馈其销售情况及消费者反应，以便及时改进销售策略和销售形式。

资料来源：某购物中心周年店庆促销策划书，赢商新闻，2009年12月18日，http://news.winshang.com/news-65296.html。

思考题:结合案例谈谈你对门店促销的理解和认识。

第一节 门店促销概述

一、促销组合

促销组合是指根据连锁企业需要,将广告、人员推销、公共关系、营业推广等四种基本促销方式组合成一个整体,予以综合运用,使企业的促销活动互相配合、协调一致,最大限度地发挥各种促销方式的效果,从而顺利实现企业目标。

促销组合的核心思想是整体营销。促销组合是一种系统化的整体策略,四种基本促销方式则构成了这一整体策略的四个子系统。每个子系统都包括了一些可变因素,即具体的促销手段或工具,某一因素的改变意味着组合关系的变化,也就意味着一个新的促销策略的产生。

二、促销方式

(一)营业推广

营业推广也称销售促进,是商家在商品销售过程中,为刺激消费者购买其商品而采取的能给消费者带来直接利益的促销方式。它是一种直接用利益来刺激顾客需求的辅助性、临时性促销方式。营业推广一般需要厂商或供应商的配合。另外,这种方式如果运用不当,可能令顾客怀疑商品的价格、质量。但是,营业推广仍然是卖场最重要的促销方式,常用的促销形式有:

1. 特价销售

特价销售又称打折销售或折扣销售,是在一定时间内,对店内部分或全部商品实行优惠售卖,是连锁门店最常用的销售方式。常用的形式有:

(1)商品降价特卖(特价)。比如:某电子产品原价680元,特价580元;某食品原价15元,特价12元。

（2）限时抢购。即在特定时间内提供优惠商品以刺激顾客购买，比如限定店庆期间某商品6折。

（3）折扣优惠。折扣优惠的形式有：①购买折扣，如某些超市会对生鲜商品、熟食在晚间一律打5折；②数量折扣，如两件9折、三件85折等；③免服务费折扣，如购家电免安装费、维修服务；④有效期折扣，如有些商品离保质期越近折扣力度越大；⑤限量折扣，如某商品限量100台特价促销。

2. 优惠券

优惠券是一种顾客优惠购买商品的凭证，可以在指定地点发放，也可以通过报纸、宣传物附送。优惠券一般有三种：①直接折扣，即在一定条件下购买某商品可直接打折；②免费送赠品的优惠券，如买A商品送B商品；③送积分点券，即购买某商品可获得积分点券，凭这些积分点券可以换购其他商品。

3. 赠送商品

赠送主要分为免费赠送和附加赠送两类。

（1）免费赠送。在这种方式下，顾客无须什么条件即可获得赠品，如到店送礼物、化妆品送试用装等。

（2）附加赠送。消费者购物满一定金额或者数量后，可获得相应的奖品或奖金。附加赠送的形式可以很灵活，主要目的是为了促进销售。

4. 抽奖

抽奖是通过给予一定的奖励来刺激顾客的购买欲望。抽奖对顾客的刺激较大，容易提升门店的销售额，促销效果比较明显。

门店在经营中常用的抽奖方式有：①直接抽奖，即购买商品后马上抽奖，结果马上知晓；②事后兑奖，即一组奖券完成或到了指定日期，由商店公布中奖号码、文字、图标等；③多重抽奖，是将第一、第二种方式结合起来使用。

5. 竞赛

门店开展的竞赛活动常见的有：①店内开展游戏或使用体验，请消费者参加；②让消费者参与有奖问答，回答关于门店或商品的问题；③创意征集，如广告词、店歌、营销创意等。

此类活动通常需要三个要素，即奖品、知识和游戏规则。竞赛着眼于趣味性及顾客的参与性,活动规则应清晰、简明易懂。

6. 集点优待

集点优待又称积分卡或商业印花,即顾客购买商品可获得积分或者印花,然后筹集一定数量的积分或印花可以换取或换购(积分+少量金额)某种商品或奖品。门店中常用的积分式会员卡即属于此类。

7. 退费优惠

退费优惠是指消费者达到某条件或购买某商品后,商家退还其购买商品的全部或部分款项。

常见的退费优惠形式有:①返现金,如买某手机返 200 元现金;②返券,如购物满 300 元返 50 元礼券;③返现金与返券结合。

8. 以旧换新

以旧换新是指以旧商品换新商品并可抵扣一定金额的促销方式。特点是可以巩固和发展新老客户,并能够提高客户的忠诚度,扩大品牌影响力。

(二)公共关系促销

公共关系促销简称公关促销,是指通过商业企业的公共关系活动,使其与社会各界建立良好的支持与合作关系,从而以企业的知名度、美誉度来带动商品销售的间接销售方式。常用的公关促销方式有:

1. 制造新闻

制造新闻即发现和创造对门店、品牌有利的新闻。其方法有:①就公众关心的话题联系门店的商品、服务进行挖掘,制造有利于企业形象宣传的新闻;②抓住"新、奇、特"创造有价值的新闻,出奇制胜;③有意识地将名人与门店或品牌结合起来,以此制造新闻,如请社会名人参与门店促销活动;④与新闻媒体联办活动,增加亮相机会。

2. 制造事件,举办公益、服务、娱乐、文化教育等活动

常见的形式有:①为体育、文化、教育、慈善事业或其他公益活动提供赞助支持,或举办相应的活动;②在一些特别纪念日举办活动,如节日期间向孤寡老人、贫困人员赠送过节礼物等;③举办讨论会、旅游、展览、竞赛、周年纪念等活动。

3. 企业形象促销

企业形象促销是指利用企业所确定的、经过社会公众评价的理念系统、视觉系统和行为系统,来促进商品销售的一种间接促销方式。其目的是建立企业的差异优势,突出企业的优质产品及良好服务,并注重企业文化价值的传播,从而给公众留下良好的整体印象,为企业建立良好的社会氛围,以赢得社会公众的支持与配合。

企业形象可以通过广告标识、文件、小册子、招牌、企业模型、业务名片、门店的业务通讯和杂志、视听材料等多种渠道进行传播。

(三)广告促销

广告促销是指企业按照一定的预算方式,支付一定数额的费用,通过不同的媒体向最终消费者传递关于门店、商品、服务、观念等的信息,以促进销售增长的传播活动。

1. 广告媒体的选择

可供选择的媒体类型很多,常见的媒体如表7-1所示。

表7-1 常见促销广告媒体

种类	包括项目
印刷媒体	报纸、杂志、招贴、传单、商品目录、包装盒、包装袋、购物袋、广告牌、邮寄广告
电波媒体	电视、广播、电子广告牌、剧场广告、地铁公交电视、楼宇电视
其他媒体	商店橱窗、气球、店内广告、互联网

不同的媒体有各自的优势,也有各自的不足。在选择媒体的过程中,应该坚持选择最适合门店的媒体进行宣传。

在选择媒体大类时,主要需要考虑以下因素:①目标顾客的媒体习惯。如青少年偏重网络媒体,中老年偏重报纸、杂志等传统媒体。②成本。应该在成本最低的情况下,达成最好的广告效果。③门店自身的特点。媒体的风格应该与门店的风格相匹配,如果让一个高端奢侈品店去印刷传单,则与该店铺的定位不符。④信息容量。媒体传递信息容量是不同的,比如一项包含大量专业术语的数码单反相机的信息,就最好选择专业的媒体杂志来进行宣传。

确定了主要媒体类型(媒体大类,如报纸、电视、杂志、网络等)之后,需要选择具体的媒体(如报纸到底选哪一家,网络媒体具体选哪一家)。此时,可运用对比法,即针对主要因素逐一进行比较、评分,最后选出相对最好的一家或几家进行广告投放。

2. POP 广告

POP 广告(Point of Purchase Advertising)也称店面广告、焦点广告,是指在商品购买场所、门店周围、入口、内部以及有商品的地方设置的广告。门店招牌、名称、店面装潢、橱窗布置、商店装饰、商品陈列等都属于 POP 广告。POP 广告是门店最核心的广告形式。

(1) POP 广告的分类。

按照顾客对 POP 广告的态度,可分为出售 POP 广告和装饰 POP 广告。前者代替店员来做宣传,顾客看了广告,能够了解到商品的有关信息,从而影响顾客的购买决策;后者是以提升企业形象为目的,能够充分展现季节感、品位高的一种装饰性较强的店头广告。

按 POP 广告摆放的位置,可分为室外 POP 广告、室内 POP 广告和陈列现场 POP 广告。室外 POP 广告是将门店的位置及所提供的商品、服务告知顾客,并吸引顾客进入门店;室内 POP 广告是将门店的商品分布、特价品的种类、宣传商品的有关信息及陈列地点等告诉顾客;陈列现场 POP 广告是通过展示卡、价目卡和牌架等帮助顾客选购商品。

不同种类的 POP 广告的功能如表 7-2 所示。

表 7-2 POP 广告功能

区分	种类	功能
店头 POP 广告	店头招牌、商品名称	告诉顾客这里有家门店以及它的商品、服务是什么
	橱窗、旗子、布帘	通知顾客正在实施特价,或制造气氛,带来季节感或节日感
	专柜 POP 广告、售货场地引导 POP 广告	告诉顾客商品在什么地方
	拍卖 POP 广告、廉价 POP 广告	告知顾客正在实施拍卖,并将拍卖内容告知他们
	告知 POP 广告、优待 POP 广告、气氛 POP 广告	告知商店的性质和商品的内容,也可以制造店内气氛
	橱柜(陈列箱)	方便顾客选择商品,另外也可保护商品
	厂商海报、广告牌、实际售货的场地布置	传达商品情报及厂商情报

续表

区分	种类	功能
陈列现场 POP 广告	展示卡	告诉顾客商品的品质、使用方法及厂商名称等特征，帮助顾客选择
	分类广告	告诉顾客广告品或推荐品的位置、规格以及价格
	价目表	告诉顾客商品的名称、数量等。另外，同顾客的购买决定有最直接关系的就是价格的标识

（2）需要设置 POP 广告的商品。

门店的商品和服务很多，不可能也没必要将每一类商品都贴上 POP 广告。一般应选择一些有代表性的商品，根据其特点，设置不同的广告。下面列举几种应设置 POP 广告的商品：

广告商品或宣传商品。包括门店向顾客推荐的特色商品，以及厂商为提高销量而促销的商品。

特价品或牺牲品。门店设置特价品或牺牲品，目的是为了招揽顾客，提高客流量及营业额，这类商品的 POP 广告应突出其价格的优越性，从而促使消费者购买。

能够让顾客冲动购买的商品。一般单位价值低、需求弹性大的商品易使消费者产生购买冲动，对这类商品应设置带有刺激性和诱惑力的广告，让消费者的购买冲动转化为实际购买行为。

新产品和流行商品。要促进新产品的销售，提高其市场占有率，必须设置 POP 广告，对新产品的特色、优势加以详细说明。对于流行品而言，必须制作能体现流行趋势的 POP 广告，使顾客受感染而踊跃购买。

有关联的商品。如果要扩大一些关联性商品的销售量，即通过某些互补性商品或替代性商品来促进其销售，就要制作具有关联性图案的 POP 广告，带动顾客产生联想。

（3）POP 广告的作用。

POP 广告具有如下作用：①传达新产品信息；②激发消费者兴趣，唤醒其潜意识；③诱使消费者产生购买欲望，进而达成交易行为；④取代推销员，传达商品信息；⑤能够配合季节促销，营造节日气氛；⑥巧妙利用销售空间与时间，达成即时性购买行为；⑦塑造企业形象，保持与顾客的良好关系。

（4）POP 广告设计的原则。

设计 POP 广告,应遵循以下原则:①设计醒目原则。突出个性,造型简练。②重视陈列设计原则。设计应有利于树立企业形象,要注意商品陈列、悬挂及货架结构等,要加强和渲染购物场所的艺术气氛。③充分利用各种要素,注意其统一性和协调性。一方面要让各种设计要素准确传递商品信息;另一方面通过艺术加工,使其宣传效果最大化,能够产生较强的冲击力,从而在创意和风格方面达成统一。④强调现场宣传效果。应深入研究门店经营环境、商品和服务特色,以及消费者的心理特征与购买习惯,以设计出最能打动顾客的店面广告。

(5) POP 广告使用情况检查要点。

及时了解 POP 广告使用情况,充分发挥其广而告之的作用。常见的检查要点包括:①POP 广告高度是否恰当;②是否依照商品陈列来决定 POP 的大小尺寸;③有没有脏乱、破损或过期的 POP 广告;④广告中关于商品内容的介绍是否清楚(如品名、价格、期限等);⑤顾客是否看得清、看得懂 POP 广告的文字,是否有错别字;⑥是否由于 POP 广告过多而使通道视线不明;⑦特价商品 POP 广告是否强调了降幅和限度等方面的内容。

知识链接

POP 广告对超市营业额的影响

根据对日本大荣超市所进行的调查,POP 广告对营业额的影响有以下几方面:

(1)端架的陈列、定位的陈列(如特价品、新产品、推荐品等)有 POP 广告时,可增加5%的营业额。

(2)具体的商品打折有 POP 广告可增加23%的营业额。

(3)如果有 POP 标示,大量陈列的商品可增加42%的营业额。展示大量陈列商品的期限为一星期,一星期以上就必须更换 POP 广告标示。

3. 其他常见的门店广告的种类

(1)电视广告。费用较高,门店使用频率低,适合门店开业庆典或企业重大促销活动宣传,一般由企业统一规划实施,门店单独采用电视广告形式的极少。

（2）广播。主要有电台广播和门店内广播两种。电台广播成本略高。

（3）报纸广告。费用相对较高，常用于优惠展销、季节与节日促销、降价促销等广告宣传，一般发布广告以地方性、区域性报纸为主。

（4）直接邮寄广告。常用的包括特价商品目录、优惠赠券、单张海报等，适合各类门店采用，实践中应用较多。

（5）交通工具广告。包括公交汽车、出租车、地铁列车等内部张贴或喷绘的广告宣传画。

（6）户外广告牌。一般户外广告牌的费用较高，广告牌在吸引目标客户方面也具有一定的随机性，企业在进行重大活动宣传时可能采用。

（7）杂志广告。门店较少采用，费用较高。

（8）传单广告。门店采用较多，但消费者对传单广告的认可度不高。该方法虽然成本不高，但是宣传效果也不太明显。

（9）电话号码簿广告。国内较少采用。

（10）包装广告。将商店的店徽、店名、地址、电话、经营项目等信息印在包装纸（袋）、购物袋上，在包装商品时使用，适用于各类门店，在实践中是用得最多的广告形式之一。

（四）人员促销

人员促销是指企业派出推销人员或委托门店人员，直接与消费者接触，向目标顾客进行产品介绍、推广，促进销售的沟通活动。人员促销的最大特点是具有直接性，是实现营销目标的一种直接销售方法。

1. 人员促销是面对面的双向信息沟通活动

促销人员在促销过程中起到了双向信息传递的作用：一方面，促销人员将产品的特性、用途、使用方法、价格等信息传递给客户，帮助顾客决策；另一方面，又将顾客的需求和特殊要求及时反馈给门店。促销人员可根据顾客的实际情况，随时调整自己的策略和方法，实现个性化的推销。

2. 人员推销具有较大的灵活性，是真正个性化的、目的性很强的促销方式

人员促销是在直观了解顾客的基础上进行的，促销人员可在促销过程中观察顾客的反应，并揣摩其购买心理，因而能立即根据顾客的情绪和心理变化，酌情改进推销方法，以满足各个顾客的需要，最终促成交易的达成。

3. 人员促销具有及时性,缩短了购买时间

人员促销的直接性,大大缩短了顾客的购物时间。促销人员面对面的讲解、说明,可以促使顾客立即采取购买行为,其他促销方式可以引起消费者的注意或激发其购买欲望,但是无法让顾客立即采取购买行为。

4. 人员促销有利于企业了解市场、提高决策水平

促销人员承担着"信息员"和"顾问"的双重角色,在为顾客提供信息和服务的同时,也可以搜集到可靠的市场信息。促销人员身处一线,直接和顾客打交道,最了解市场状况和顾客的反应,因此也最有资格为门店的市场营销决策提供建议和意见。

狭义上的促销人员专指门店中的专职促销员,广义的门店促销人员包括参与门店促销活动的所有人,包括理货员、收银员、销售代表、业务经理等。

专职促销员是指门店为了长期从事促销活动所雇用、招聘的促销员,负责产品促销活动的沟通、联络、执行,促销工作效果的好坏很大程度上取决于促销人员的表现。

促销员的职责包括:①促销前的准备。检查、准备产品,包括续补、陈列产品;促销工具准备,如赠品、POP 广告、样品、奖券、展示台以及其他用品的清洁、布置;服装准备。②促销宣传品。POP 的布置;进行广告宣传。③与消费者接触。重视促销工作的服务语言、产品介绍、广告语;强调活动主题;认真听取消费者意见;保证语言简洁易懂。④搜集市场信息,了解竞争对手或其他产品的促销情况。

销售人员在工作过程中的具体销售流程是与顾客购买的过程紧密联系的,具有对应性。销售流程及注意事项如表 7-3 所示。

表 7-3 销售流程及注意事项

顾客	销售	注意事项
进入门店	接近顾客	1. 销售人员应坚守岗位,在生意清淡时可整理商品、贴标签、打扫卫生等,不得有"店员见面聊天、玩闹、打电话没完"等行为 2. 掌握好初步接触顾客的时机:顾客认真观看商品;观看商品时间很长;抚摸商品;看完商品抬头;顾客浏览时突然止步;顾客东张西望似乎在找什么东西;与促销人员目光接触

续表

顾客	销售	注意事项
搜寻信息	收集信息	应当了解的信息包括：顾客寻找商品类型；可接受价格范围；打算如何使用；生活模式；喜欢的样式及颜色等。通过适当提问获取相关信息，但不要引起顾客反感
对各种选择做出评价	介绍商品，消除顾客的抵触情绪、顾虑	1. 展示商品，让顾客充分了解商品的性能、价值及使用方法，激发购买欲望。 2. 应注意以下几点：一是介绍商品实事求是，因人而异，有针对性；二是要善于察言观色、揣摩心理；三是既要强调商品的优点也要介绍与其他商品的不同之处，让顾客比较、认可。 3. 针对顾客的实际状况，合理选择销售要点进行介绍。介绍销售要点时应充分考虑商品及顾客情况，以拟订正确的销售要点；语言应简明扼要，详略得当；销售要点应根据环境、对象的不同而变化
做出选择	实现销售	寻找达成交易的有利时机，常见的可能达成交易的有利时机有：顾客问一些问题后，不再发问，话题集中在某商品上；挑选过程中若有所思；顾客挑选一段时间后，对销售人员的介绍不停点头；顾客开始注意价格；顾客反复问同一个问题；顾客开始关心售后服务问题
售后评估	为未来销售与顾客建立联系	销售人员与顾客建立信誉最好的办法就是将顾客利益摆在第一位，肯定顾客的判断，确保商品的适当用途，处理顾客的抱怨，向顾客提供一流的服务

在人员促销过程中，人是促销的核心，通常而言，一名优秀的促销人员应做到以下几点：

(1) 适时、亲切地招呼顾客；

(2) 奉上试用商品时要看着对方的眼睛（传递真诚）；

(3) 顾客试用后，要诚恳询问意见；

(4) 介绍商品特点时语言要简洁；

(5) 顾客决定购买时，给予指引帮助；

(6) 顾客不试用时，也要说谢谢；

(7) 对小孩也要殷勤，因为小孩的意见有时是成交的关键；

(8) 一大堆人围过来时，要有顺序、有条理地处理，切莫慌张失措。

同时，销售人员需要面对众多的顾客，应该用恰当得体的礼仪，让顾客觉得被尊重。常见的对销售人员在仪容仪表、接待等方面的要求如表7-4所示。

表7-4 销售人员仪容仪表、接待等方面的要求

项目	男性	女性
着装	上衣扣子要全部扣好,衬衫领口与袖口保持清洁;领带干净平整,长度适中;裤子经常熨烫,口袋里不要放太多东西;宜穿深色袜子;最好穿深色鞋,鞋面要保持光亮	服装干净、整洁、款式大方;颜色可依据促销活动和季节变化而相应调整;穿着不要太暴露;穿裙装时应穿透明丝袜,冬季可适当选择深色袜子;穿深色鞋,鞋跟不宜过高
发型发式	保持干净、无头屑、不油腻;最好留短发,头发不能长过耳朵,不要剃光头。发色以黑色为宜,不要过分修饰	保持干净、无头屑、不油腻;最好选择短发、马尾等保守的发式,过肩发束于脑后,刘海不要遮住脸,不染夸张发色,护发用品的味道以清淡为主
面部化妆	不必化妆;脸部保持干净;不留胡须;牙齿洁白无口臭	适当淡妆,不可浓妆艳抹,保持面部皮肤干净;对眉毛、鼻头进行修饰;用浅色口红
迎接顾客时	可将两脚分开,但距离不超过20厘米	可以站丁字步,即一脚微向前,脚跟靠在另一只脚内侧,站立较久时身体重心可以在两脚间转换
为顾客解说商品时	眼睛看着顾客,身体微微前倾,双手交叉放于腹部。对于比自己高的顾客要抬头仰望顾客,对于比自己矮的顾客则稍微弯曲膝盖,不要俯视顾客	

第二节 门店促销策划流程

在门店促销策划方面连锁总部与门店的职能略有差异。总部一般设有专门的策划部门负责公司大型、统一的促销活动的策划与组织;各连锁分店一般负责独立的、小型的、较频繁的促销活动的策划与实施,也有一些企业的门店不进行独立的促销策划。

连锁门店的促销活动能否实现其预期目标,起到促销活动的效果,关键在于是否有创意、计划是否周密详细。促销策划大致分为以下步骤:明确促销目的、选择促销时机、选定促销商品、确定促销主题、选择促销方式、选择促销媒介以及确定促销预算。连锁卖场促销策划步骤如图7.1所示。

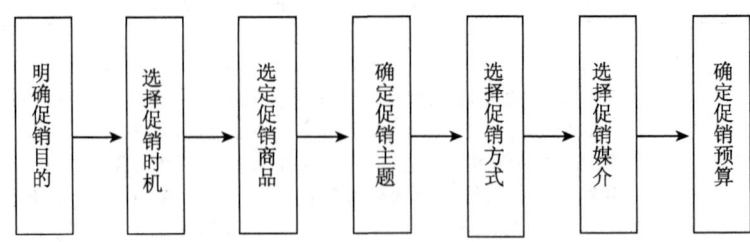

图7.1 连锁卖场促销策划步骤

一、明确促销目的

促销的一般目的是通过向市场和消费者传播信息,以促进销售、提高业绩。连锁卖场在不同时期会有不同的促销目的,因而促销方式也就不尽相同。因此,在进行促销策划时,首先要明确具体的促销目标,这样才能收到事半功倍的效果。常见的促销目的一般有以下几种:

(1)提高营业额。大多数促销活动是围绕营业额展开,在竞争激烈的时代,门店常常想方设法稳定营业额,保住市场占有率。

(2)增加利润额。利润是企业永恒的追求,门店促销活动一般会给超市带来利润额的增加,从而使超市效益提高。

(3)提高来客数。来客数是门店运营的保障,来客数低可能会带来"来客数少—经营不景气—厂商失去信心、减少支持—来客数更少"的恶性循环。因此,尽量提高来客数是门店的一项重要工作。

(4)提高客单价。客单价是平均每位顾客实现的购买额,提高客单价可以在来客数不变的情况下有效提升销售额,提高门店的盈利能力。

(5)提高企业形象。门店可以通过特色经营、特色商品、特色服务等展开促销,形成独特的企业形象,并提高知名度。

(6)加快商品流通。门店经常会面临货物积压的情况,商品库存一旦大量增加,会给门店带来沉重的负担。另外,商品中有一部分有效期短、时令性强,需要及时销售。针对性的促销活动可以有效减少商品库存,及时回收资金,加快商品流通。

(7)应对竞争对手。促销是连锁超市应对竞争的重要手段,有效的促销活动可以增加销售额、打击竞争对手。

二、选择促销时机

选择促销时机是促销活动策划的重要方面。同样的促销活动花费同样的费用,由于开展的时机不同,产生的效果可能有很大不同。因此,开展促销必须把握住时机。

选择促销时机应注意以下两方面问题:

(一)促销活动的延续时间

(1)长期促销活动。一般延续时间在一个月以上的促销活动被称为长期促销。长期促销能够增强顾客的认同感和向心力,显示与竞争对手的差异,确保顾客长期来门店。长期促销活动应持之以恒,从开始到结束应保持一致,以树立企业良好的形象。

(2)短期促销活动。短期促销活动的持续时间通常为3~7天。其促销目的一般相对单一、明确,如提高来客数、冲击销售额、处理库存、削弱竞争对手的促销效果等。短期活动一般不宜将时间拉得过长。

(二)促销时机的选择和把握

由于季节、气候、节假日不同,顾客的消费习惯和需求也会有很大的差异,因此,把握好时机针对顾客的需求采取对应的促销措施,往往可以收到更好的效果。

卖场经常利用的促销时机有:

(1)季节。在不同季节,顾客的需求会发生变化,应选择该季的长效商品进行促销。

(2)月份。商品销售有淡旺季之分,一般3月、4月、7月、8月和11月是淡季。在淡季做促销,实现淡季不淡很重要,可以推出相应的促销措施来提高淡季营业额。

(3)日期。一般而言,由于发薪、购买习惯等因素,顾客的购物活动是不均衡的,月初发薪购买力相对较强,周末的购买力比平时强。因此,促销活动应与日期配合,增强促销的效果。

(4)天气。天气的变化会影响客流量,对于门店而言,客流量意味着营业额。一般来说,天气发生变化,门店的来客量就会变化,导致营业额随之波动。因此在天气不好的时候,为顾客提供价格合理、鲜度良好的商品以及舒适的购物环境(如雨伞、伞架、外送服务等),也是促销时应考虑的因素。

(5)温度。温度不同,顾客的需求也会发生变化,气温高时,空调、饮料等商品销量会增加,人们的饮食习惯会发生变化;而温度降低时,火锅、生鲜食品的消费量会增加。

(6)节假日。节假日是连锁门店开展促销的重要时机,根据不同的节假日,策划针对性的促销活动,可以有效增加销售量、提高利润。

选择促销时机,本质上是根据不同时节消费需求的变化,灵活组织有针对性的促销活动,从而达到事半功倍的效果。

三、选定促销商品

消费者的基本需求是希望买到价格合适的商品。因此,促销商品的品种、价格是否具有吸引力将直接影响到促销活动的成败。一般来说,促销商品有以下四种:

(1)节令性商品。根据时节变化选择对应的商品进行促销,会收到更好的效果。如:夏季促销饮料、生鲜瓜果,冬季促销羽绒服、床上用品等。

(2)敏感性商品。消费者对商品的价格敏感性高,极易感受到价格的变化,这样的商品一般属于生活必需品,只要在定价上稍微低于市场价格,就能吸引更多的消费者。

(3)大众性商品。大众性商品是指品牌知名度高、市场上随处可见、替代品较多的商品,对这样的商品进行促销,消费者会习惯性地进行比较,从而得出门店价格高低的判断。因此,对这类商品进行促销能够吸引更多的顾客。

(4)特殊性商品。门店专有,市场上无可比较的产品,是门店的特色所在。这类产品的促销,应体现商品的特殊性,价格不宜定得过低。

(5)库存或需及时销售的商品。对这类商品加大促销力度,有利于消化库存、回笼资金、减少损失。

无论选择哪种商品开展促销,都应坚持两个原则:一是选择顾客需要的商品;二是选择能够给消费者带来实际利益的商品。

四、确定促销主题

连锁门店在进行促销时,需要设计一个统一、鲜明、有特色的主题,一来便于消费者记忆、识别,二来也可以将一系列分散的活动统一成一个有机整体。

(一)促销主题的选择

(1)促销主题要突出"新"字。促销内容要尽量新颖,具有独创性,有自己鲜明的个性。促销口号要简明扼要、高度概括、朗朗上口,从而使促销主题具有强烈的感召力和吸引力。

(2)促销主题要突出"实"字。促销应该使顾客感受到实际的利益和好处(即得到更多的实惠),从而调动起顾客的购买冲动。

(二)促销主题的分类

(1)开业促销活动。开业促销是促销活动中十分重要的一种,因为只有一次,而且决定了顾客对门店的第一印象,门店的所有细节都会给消费者留下深刻的印象,而这些第一印象是很难改变的,并且会影响到他们日后是否愿意再次光临。因此,连锁门店必须对开业促销精心布置、充分准备。通常情况下,开业当天的门店业绩是平时业绩的 5 倍左右。

(2)周年店庆促销活动。周年店庆仅次于开业,一年一次。店庆期间一般都会给予顾客比较优惠的条件,以期实现销售额的快速增长。周年庆如果实施良好,其业绩会较平日业绩大幅提升。

(3)例行性促销活动。针对节假日、民俗等举办的促销活动。一般门店每月举办 2~3 次例行性促销活动,一方面吸引新客户,提高来客数;另一方面激发老顾客的购买欲望,增加营业额。

(4)竞争性促销活动。竞争性促销是门店针对竞争对手可能采取的促销活动,开展反制性的促销活动。比如:在竞争店特价促销或周年店庆促销时,采取竞争性的促销活动(如特价、竞赛等形式),以稳定顾客,稳定营业额。

五、选择促销方式

促销方式是促销活动的一个重要内容。促销方式应该以促销目标、促销主题及促销商品的特点为依据,再根据促销效果和卖场在不同时期的需要来选择合适的促销方式。

连锁门店应该依据环境、顾客需求以及自身情况,综合运用营业推广、公共关系促销、广告促销、人员推销等各种方式,以实现最佳的促销效果。

六、选择促销媒介

卖场举行促销活动,必须通过相应的媒介把信息发布出去,媒体的种类很多,而且日新月异。因此,选择促销媒介应根据促销活动的方式、商圈范围、顾客特点、媒体本身的运用情况及成本来定夺。

常见媒体的选择可参看上一节广告促销部分的内容。

七、确定促销预算

通过促销预算合理确定各项费用及资金来源,可有效保证促销活动的顺利进行。促销预算包括两项内容,一是所需资金量,二是资金的来源。在判断促销预算是否可行时,最基本的原则就是促销为企业增加的销售额应大于促销费用的支出。

(一)促销预算常用的方法

做促销预算,总体上分为"由总到分"和"由分到总"两种思路。常见的方法如下:

(1)营业额比例法。以年度预测的销售额为基础,固定一个比例作为一年总的促销预算,然后再根据促销活动计划分摊总体促销预算,确定单次活动的预算。促销费用占销售额的比例,可以是历史数据,也可以是同行业标杆的预算比率,或者依据经验确定。

(2)逐项累计法。按照年度促销计划,逐项累计所需要的促销经费,如广告费、人员宣传费、公关费、礼品费等,最后汇总成年度预算。

(3)量入为出法。门店在自身财力允许的范围内确定预算,首先预测销售额,计算各种支出和利润,然后确定能拿出多少钱来作为促销费用。

(4)竞争对等法。根据竞争对手的行为来决定增加或减少促销预算,是一种相机抉择的方法,目的是取得与竞争对手对等的发言权。

(5)目标任务法。先确定促销目标,再据此确定一年中所计划举办的促销活动及每次活动所需的具体金额,将所有促销费用加总,得出全年的促销预算。

(二)促销费用来源

由于渠道商的强势地位,厂商与门店共同负担促销费用是大势所趋。常用的做法有:

(1)将厂商的促销活动融入卖场的促销计划。比如:让厂商提供样品、赠品、POP广告;举办特定厂商商品的促销活动,其费用由厂商承担;配合厂商在大众媒体的促销活动,在门店开展优惠活动,由厂商分担相关费用等。

(2)厂商租用、购买卖场的特定位置及相关设备,以推广其商品。比如:租用端架或陈列区;促销用样品、赠品、购物袋等附加的广告的费用;利用店内灯箱、货架沟槽广告及店内各项POP广告,向厂商收取一定的费用。

第三节 门店促销实施流程

随着市场竞争加剧,各大连锁企业推出的促销活动越来越频繁,手段方式也不断翻新。在这种情况下,要实现预期的促销目标,实现企业利润的增长,促销活动的实施与管理越来越重要。好的计划只是成功了一半,关键还是要落实到实际工作中,达成实效。为提高门店促销活动管理水平,一方面应明确、规范门店运营管理流程,落实各环节的操作细则;另一方面应不断总结经验,不断改进促销方式,动态提高促销活动效果。

连锁门店促销作业流程分为方案制订与审核、促销前的准备工作、促销活动实施和促销活动效果评估四个大的阶段。

一、方案制订与审核

严谨、科学、细致的促销方案可大大提高促销活动的实效。因此,在方

案制订阶段,应做到以下几点:

(1)认真进行环境调查,比如由负责促销的相关部门分析研究门店目标顾客收入水平及购买力状况、所在商圈近期内竞争店动态、门店自身经营情况等,综合拟订本次促销活动的诉求重点和要求。

(2)按照规范的格式要求制订促销计划书。计划书应包括促销主题、持续时间、促销商品及价格、促销方式、厂商协作等重要内容。

(3)认真审定方案细节,确保可操作性。促销涉及门店的各个部门,因此在计划制订阶段就应争取相关部门的配合与支持,比如邀请营业部、商品部、管理部等部门的相关人员召开促销会议,对促销方案的细节进行仔细分析、推敲,确保方案的可行性。

一般情况下,门店制订的促销方案还需要报总部审核备案,在做方案时应该算好提前量,预防审核时间过长影响计划实施。

二、促销前的准备工作

开展促销前重点应做好以下两方面的工作:

(1)准备促销商品。连锁门店的大多数促销活动都可以使商品销量大幅增加,如果事先准备不足导致促销过程中断货,会对门店的信誉造成极大的损害。同时,门店促销业绩的取得与厂商是否配合有很大的关系。因此,连锁门店在开展促销前,应取得厂商或供应商的积极配合,对促销商品的数量、质量、价格及供货期进行核定,以保证及时、充足的供货。

(2)做好促销宣传。连锁门店在促销前应做好宣传工作,尽量提高顾客的到店量。除非是总部统一策划的活动,一般单个门店可供选择的媒体相对较少,最常用也最重要的是宣传单。因此,宣传单的设计与制作就显得尤为重要。印制出别具一格的宣传单,并利用各种手段进行充分宣传,会使促销效果更加明显。

三、促销活动实施

连锁门店举办促销活动,需要各方面的配合协作,事务相对繁杂。为了保证促销活动的效果,应抓住关键事项。一般可以运用"关键事项核检表"

这一工具,从而确保促销活动的实施效果,为顾客提供更好的商品和服务。

关键事项核检表是门店管理人员在促销期间,依据卖场情况进行评估的工具,可以作为举办促销活动的参考资料(见表7-5)。

表7-5 关键事项核检表

类别	核检项目	是	否
促销前	促销宣传单、海报等是否准备妥当		
	促销人员是否进行培训		
	促销商品是否准备到位		
	相关部门是否做好促销商品变价手续		
促销中	促销商品是否齐全、够量		
	促销商品是否变价		
	促销商品的宣传是否到位		
	促销商品的陈列是否有吸引力		
	卖场的促销气氛及购物环境是否有诱惑力		
	促销人员的服务是否周到		
促销后	过期的海报、宣传单是否撤走		
	商品是否恢复原价		
	商品陈列是否恢复原状		
	卖场的布置是否得到调整		
	营业数据是否达到预期目标		

四、促销活动效果评估

在促销活动结束后进行分析与总结有助于日后促销活动绩效的提高,因此门店在促销结束后应就实施效果与目标差异进行分析,总结得失,作为今后改善和提高促销活动效果的参考。

一般来说,连锁门店促销效果的评估可以采用以下几种方法进行:

(一)前后比较法

选择促销活动前、促销活动中及促销活动后三个阶段的销售额来测评促销效果,一般会出现三种情况(见图7.2)。

(1)良性促销。曲线A是连锁门店促销活动所希望看到的,其表示促销活动期间,来客数增加,销售额增加,收到了预期效果。活动结束后,门店的知名度和美誉度提高,给顾客留下了良好的消费体验和印象,无形中提高了

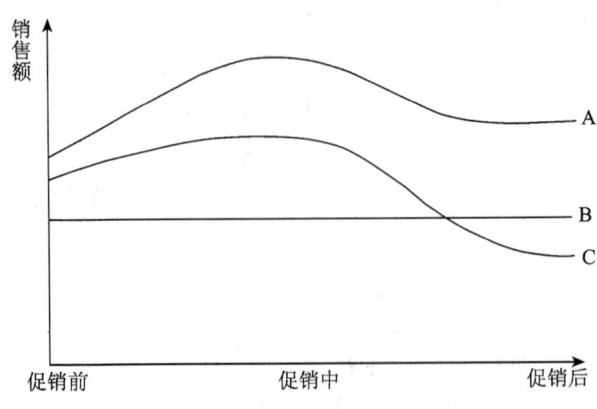

图 7.2 促销效果图

企业形象。因此,促销活动结束后,门店销售额仍然有所增长。

(2)无效促销。曲线 B 所示,促销活动消耗了一定的人力、物力和财力,但是对门店业绩帮助不大,门店经营状况并未明显改善。

(3)不良促销。曲线 C 所示,短期的促销取得了一定的成效,但是由于策划不当或实施不到位,损害了顾客体验,损伤了门店的形象和品牌价值,从而使促销活动结束后销售额不升反降,促销效果适得其反。

(二)调查法

门店组织有关人员抽取合适的消费者样本进行调查,从而掌握门店促销活动的效果,比如:消费者对促销活动的反应,哪些方面好,哪些方面不足;顾客是否从中得到实惠;今后购物的去向;等等。

(三)观察法

观察法便于操作,且十分直观。它主要通过观察促销活动中的重要细节,来了解门店促销活动的效果。比如:顾客在折价销售中的踊跃程度;优惠券的回收率;参与抽奖及竞赛的人数;等等。

总之,促销活动结束后的总结与评估,有助于提高卖场的绩效。通常情况下,如果促销活动的实施绩效为预期目标的 95%~105%,则是正常情况;如果达到预期目标的 105% 以上,则是高标准表现;如果在预期目标的 95% 以下,则需要在今后的工作中加以改进和提高。

知识链接

《零售商促销行为管理办法》

第一条 为了规范零售商的促销行为,保障消费者的合法权益,维护公平竞争秩序和社会公共利益,促进零售行业健康有序发展,根据有关法律法规,制定本办法。

第二条 零售商在中华人民共和国境内开展的促销活动适用本办法。

第三条 本办法所称零售商是指依法在工商行政管理部门登记注册,直接向消费者销售商品的企业及其分支机构、个体工商户。

本办法所称促销是指零售商为吸引消费者、扩大销售而开展的营销活动。

第四条 零售商开展促销活动应当遵循合法、公平、诚实信用的原则,遵守商业道德,不得开展违反社会公德的促销活动,不得扰乱市场竞争秩序和社会公共秩序,不得侵害消费者和其他经营者的合法权益。

第五条 零售商开展促销活动应当具备相应的安全设备和管理措施,确保消防安全通道的畅通。对开业、节庆、店庆等规模较大的促销活动,零售商应当制定安全应急预案,保证良好的购物秩序,防止因促销活动造成交通拥堵、秩序混乱、疾病传播、人身伤害和财产损失。

第六条 零售商促销活动的广告和其他宣传,其内容应当真实、合法、清晰、易懂,不得使用含糊、易引起误解的语言、文字、图片或影像。不得以保留最终解释权为由,损害消费者的合法权益。

第七条 零售商开展促销活动,应当在经营场所的显著位置明示促销内容,促销内容应当包括促销原因、促销方式、促销规则、促销期限、促销商品的范围,以及相关限制性条件等。

对不参加促销活动的柜台或商品,应当明示,并不得宣称全场促销;明示例外商品、含有限制性条件、附加条件的促销规则时,其文字、图片应当醒目明确。

零售商开展促销活动后在明示期限内不得变更促销内容,因不可抗力而导致的变更除外。

第八条 零售商开展促销活动,其促销商品(包括有奖销售的奖品、赠品)应当依法纳税。

第九条 零售商开展促销活动应当建立健全内部价格管理档案,如实、准确、完整记录促销活动前、促销活动中的价格资料,妥善保存并依法接受监督检查。

第十条 零售商开展促销活动应当明码标价,价签价目齐全、标价内容真实明确、字迹清晰、货签对位、标识醒目。不得在标价之外加价出售商品,不得收取任何未予明示的费用。

第十一条 零售商开展促销活动,不得利用虚构原价打折或者使人误解的标价形式或价格手段欺骗、诱导消费者购买商品。

第十二条 零售商开展促销活动,不得降低促销商品(包括有奖销售的奖品、赠品)的质量和售后服务水平,不得将质量不合格的物品作为奖品、赠品。

第十三条 零售商开展有奖销售活动,应当展示奖品、赠品,不得以虚构的奖品、赠品价值额或含糊的语言文字误导消费者。

第十四条 零售商开展限时促销活动的,应当保证商品在促销时段内的充足供应。

零售商开展限量促销活动的,应当明示促销商品的具体数量。连锁企业所属多家店铺同时开展限量促销活动的,应当明示各店铺促销商品的具体数量。限量促销的,促销商品售完后应即时明示。

第十五条 零售商开展积分优惠卡促销活动的,应当事先明示获得积分的方式、积分有效时间、可以获得的购物优惠等相关内容。

消费者办理积分优惠卡后,零售商不得变更已明示的前款事项;增加消费者权益的变更除外。

第十六条 零售商不得虚构清仓、拆迁、停业、歇业、转行等事由开展促销活动。

第十七条 消费者要求提供促销商品发票或购物凭证的,零售商应当即时开具,并不得要求消费者负担额外的费用。

第十八条 零售商不得以促销为由拒绝退换货或者为消费者退换货设置障碍。

第十九条 鼓励行业协会建立商业零售企业信用档案,加强自律,引导零售商开展合法、公平、诚实信用的促销活动。

第二十条 单店营业面积在3 000平方米以上的零售商,以新店开业、节庆、店庆等名义开展促销活动,应当在促销活动结束后十五日内,将其明示的促销内容,向经营场所所在地的县级以上(含县级)商务主管部门备案。

第二十一条　各地商务、价格、税务、工商等部门依照法律法规及有关规定,在各自职责范围内对促销行为进行监督管理。对涉嫌犯罪的,由公安机关依法予以查处。

第二十二条　对违反本办法规定的行为任何单位和个人均可向上述单位举报,相关单位接到举报后,应当依法予以查处。

第二十三条　零售商违反本办法规定,法律法规有规定的,从其规定;没有规定的,责令改正,有违法所得的,可处违法所得三倍以下罚款,但最高不超过三万元;没有违法所得的,可处一万元以下罚款;并可予以公告。

第二十四条　各省、自治区、直辖市可结合本地实际,制定规范促销行为的有关规定。

第二十五条　本办法由商务部、发展改革委、公安部、税务总局、工商总局负责解释。

第二十六条　本办法自2006年10月15日起施行。

资料来源:中央政府门户网站,http://www.gov.cn/ziliao/flfg/2006-09/15/content_389504.htm,2006年09月15日。

复习题

一、名词解释

促销

促销组合

POP

二、简述题

(1)门店促销的方式有哪些?

(2)简述门店促销策划的流程。

(3)简述门店促销实施流程及注意事项。

三、案例分析题

案例一:屈臣氏的促销招数

屈臣氏在门店促销方面的成功有目共睹,其常见的促销方式包括:

招数1——超值换购。

在每一期的促销活动中,屈臣氏都会推出3个以上的超值商品,顾客一次性购物满50元,多加10元即可任选其中一件商品,这些超值商品通常是屈臣氏的自有品牌,所以在实行低价位的同时又能够保证利润。

招数2——独家优惠。

这是屈臣氏经常运用的一种促销手段,他们在确定促销商品时,经常避开其他商家,别开生面,给顾客更多的新颖感,也能够巩固顾客的忠诚度。

招数3——买就送。

如买一送一、买二送一、买四送二、买大送小、送商品、送赠品、送礼品、送购物券、送抽奖券等,促销方式十分灵活多变。

招数4——加量不加价。

这一招主要是针对屈臣氏的自有品牌产品,经常会推出加量不加价的包装,用鲜明的标签标示,以加量33%或加量50%为主,经常用于面膜、橄榄油、护手霜、洗发水、护发素、化装棉等,对消费者十分具有吸引力。

招数5——优惠券。

屈臣氏经常会在促销宣传手册或者报纸海报上印制剪角优惠券,在购买指定产品时,能够给予一定金额的优惠,从五元到几十元都有。

招数6——套装优惠。

屈臣氏经常会向消费厂家定制专供的套装商品,以比较优惠的价格向顾客销售,如资生堂、曼秀雷敦、旁氏、玉兰油等都会常做一些带赠品的套装,屈臣氏自有品牌也经常会推出套装优惠。例如:购买69.9元一盒的屈臣氏骨胶原修护精髓液即送49.9元的眼部保湿啫喱一支,促销力度很大。

分析下列图片:

常规的活动 （黑手） 节日活动 （单页）

重点节日以短期单页宣传形式

第七章　门店促销管理

问题一：从图片来看，屈臣氏都用了哪些促销方式？
问题二：试根据资料拟订一份全年促销计划表。
问题三：试拟订一份详尽的节日促销计划书。

案例二：反面经验和教训

（1）A 公司旗下有 20 多家连锁店，总部在某年国庆期间为配合新品牌的

· 137 ·

保健品上市,设计了为期一个月的营销活动,主要有:12个品种的保健品9折优惠,并买一送一;10月8日是高血压日,降血压产品全场9折;重阳节期间60岁以上老年人购药全场9折。这个活动只设计了海报在门店张贴,没有发放宣传单。到10月下旬统计发现,这次活动三个类别的销售均不理想。

(2)B公司规定,市场部人员每月必须给门店安排两场促销活动。在某年9月和10月这样的销售旺季,市场部虽然策划了4次促销活动,但销售量却不见提升。原来,负责文案策划的员工并未在每次促销活动中提交相对新颖的促销方案,而是反复删改之前的活动策划,改个促销主题便重新使用。

(3)某年9月份是C公司开业5周年店庆,开展了系列促销活动,如特价、买赠、换购、抽奖、送券等,几天促销活动下来,虽然进店顾客比平时略多,但活动效果并不理想。原来,C公司为了这次活动特别制作了10万份宣传单,要求门店员工在3天之内发放完毕,门店员工的休息时间几乎都放在发放宣传单上,导致员工极度疲劳并且怨声载道,发放质量和数量大打折扣,因此顾客知晓率不高。

(4)D公司为了吸引顾客眼球和打击竞争对手,在促销活动中特意对绝大部分品牌的商品进行特价销售,虽然做了限量购买(特价品种每人每次限购两盒)的规定,但活动期间特价商品还是供不应求,而其他商品则少人问津。活动结束后发现,此次促销销售额虽然有所上升,但毛利率却非常低,没有达到预期的促销效果。

思考题:试分析这些促销案例失败的原因,并阐述促销过程中的注意事项。

本章小结

促销组合,是指根据连锁企业的需要,将广告、人员推销、公共关系、营业推广等四种基本促销方式组合成一个整体,进行综合运用。本章第一节具体分析了这四种基本方式在连锁门店运营中的各种不同手段和方法;第二节详细介绍了连锁门店促销策划的七大步骤:明确促销目的、选择促销时机、选定促销商品、确定促销主题、选择促销方式、选择促销媒介及确定促销预算;第三节介绍了连锁门店促销作业的四个阶段:方案制订与审核、促销前的准备工作、促销活动实施和促销活动效果评估。

第八章

门店损耗与安全管理

学习目的与要求

通过本章的学习,对连锁门店损耗产生的原因及控制措施有全面的认识;了解门店节能降耗的意义、主要的能耗来源,掌握门店的节能举措;熟悉门店的安全应变处理原则,掌握部分常见安全问题的处理要点。

关键词

门店防损　能耗管理　安全管理

第八章 门店损耗与安全管理

导入案例

处乱不惊

某连锁超市新门店在消费者的热盼中开业了，购物广场人流如潮、人气旺盛。开业40分钟后，人群渐近高峰期，这时，高压线上突然火花闪现。不好！停电了！刹那间整个购物广场陷入了一片黑暗之中，一切都那么突然。但在这种情况下，除了出口处的顾客你抢我拥向外挤之外，收银台前的顾客还都在有秩序地买单，有的顾客虽然有些抱怨，但场内秩序并未出现异常，没有任何意外发生，而且也未造成大量商品流失。

在出现了这种突发事件后，门店何以保持这种"处乱不惊"的良好秩序呢？让我们一起了解一下防损部的工作人员为了"防患未然"所做的一系列工作吧！

在整个工作过程中，防损部在维护现场秩序、疏导顾客等方面都发挥了核心的作用。原来防损部在开业前做了大量的培训工作，针对卖场可能发生的一切状况进行现场演练（防损部主管亲自在现场指导），每天进行五六次各种形式的演练，其中就包括停电应急措施，以便在停电时做灵活有效的应急处理。

开业当天，防损部又针对人员布控、防控等方面做了周密细致的安排，这些充分的前期培训与准备工作在突然停电时发挥了作用，有效地控制了现场秩序、稳定了顾客情绪。

资料来源：怎样做好超市防损，百度文库，http://wenku.baidu.com/view/9f98b80103d8ce2f00662311.html。

思考题：结合案例分析在门店经营过程中如何才能做到像案例中一样"处乱不惊"。

第一节　门店防损管理

一、门店损耗产生的原因

损耗是流通业不可避免的一件事情，而且是纯利润的损失，但它往往又是大部分员工最容易忽视的。损耗是指门店进货时正常售出应该获得的商品零售值与商品售出后实际零售值之间的差额，包括商品数量的损耗和价值的损耗。商品数量损耗是指商品账实不符带来的损失，价值损耗是指商品清仓降级处理带来的商品价值损失。

门店产生损耗的原因如表 8-1 所示。

表 8-1　门店损耗产生原因

一级分类	二级分类	常见情形
1. 作业损耗	1.1 进货验货作业不当	商品重复登记或者漏记进货账款；商品与标准或订单不符；发票金额与验收金额不符；商品未验收或未入库；进货商品点数错误；供应商欺诈，如套号、以次充好等；未按收货标准验货，导致有质量问题的商品入库；在进货环节与供应商勾结，导致损耗；数据录入错误；运输或搬运中不当操作造成损毁
	1.2 在库存储不当	储存环境不当造成商品损耗；储存方式不正确造成损失；员工作业过失造成损失；未遵循先进先出原则导致商品过期
	1.3 理货作业不当	领货未清点数量或未检查质量导致损耗；标价错误；陈列方式不正确导致商品损坏、变质；未及时查验保质期造成商品过期、变质
	1.4 销售中的行为不当	未妥善保管造成商品遗失；POP 广告不清或错误导致顾客低价购买；称量或价格输入错误，使商品重量、价格比实际低；退回商品未妥善保管；商品受到污染或损坏；顾客将高价商品换入或混入低价包装、换上低价价签；商品被顾客试吃试用；大宗商品出售中的质量差价和数量损失；商品加工未按标准或生成残次品，造成原材料损失
	1.5 收银不当	未扫码或者各种原因打错价格；收银员损坏商品；收到假钞

续表

一级分类	二级分类	常见情形
1. 作业损耗	1.6 退换货不当	节庆或时令商品过期无法售出;厂商不接受退货的商品过剩或过期造成损耗;不该接收的退货却接收,又无法原价出售;客服人员利用退换货手段偷窃;退换货未登记、未确定数量、未及时联系厂商办理退货
	1.7 盘点作业不当	点数不准、漏点、多点实物库存;数据登记、录入错误;盘点价格错误;计算错误
2. 偷窃	2.1 顾客偷窃	以各种手段藏匿商品,不付款带出;高价商品装入低价包装或更换成低价价签;私拆包装,多件商品装入一个包装;未付款偷吃、偷用商品;内外勾结盗窃、集体盗窃
	2.2 门店员工偷窃	偷吃偷用;藏匿携带出店;窃取兑换券,将兑奖商品或赠品据为己有;收银员遇熟人,故意漏扫或私自按较低价格收取;收银员独自或伙同他人偷取、截留现金;员工偷窃公司财务;客服人员利用退换货窃取公司财务
	2.3 供应商偷窃	派驻门店的促销人员偷窃;利用售货员的疏漏偷窃;藏匿、夹带正常商品出店;与员工勾结盗窃
3. 变价损失	商品降价发生的损耗	门店定期、不定期的促销活动(如节假日促销、应对竞争促销、减少库存促销等)而产生的降价损耗
4. 生鲜品损耗	生鲜品保存、处置不当造成的食品损坏、变质	熟食加工原材料损耗,鲜活农产品因储存不当、时间过长而腐烂变质
5. 其他意外损耗	由于火灾、水灾等其他意外事件造成的损失	自然灾害(如火灾、地震、水灾等)造成的损耗

二、门店损耗的控制措施

在门店运营过程中,产生一定的损耗是在所难免的,关键是要采取系统、科学、有效的措施,将损耗降到最低。

要降低门店损耗,应从以下方面着手:

(一)树立"全员参与"的防损意识,激发员工防损工作积极性

从损耗产生的原因分析可以看出,损耗可能发生在门店运营的各个环节,牵涉到顾客及门店各个岗位的员工。因此,要从根本上落实防损目标,应该做到"全员参与"。

要实现全员参与,首先要做好宣传教育工作,加强对员工的实际工作技

能、职业道德、安全等方面的教育,使员工意识到损耗给企业带来的危害,认识到防损工作的重要性和必要性。

其次应该打造良性的激励机制,从物质、精神方面予以奖励,以促进、提高员工参与防损工作的积极性。比如:制订合理的损耗率,将防损目标作为对相关人员绩效考核的重要方面,将考核结果与人员的奖惩结合起来。

(二)提高门店运营管理水平,落实"全程控制",规范门店运营流程,确保相关制度、规范的落实

要实现全程控制,应该认真分析门店运营的各个环节,找出易发生损耗的关键环节,采取针对性的预防措施。为了提高门店的整体运营水平,应堵住损耗产生的漏洞,定期进行运营流程梳理和优化,通过明确的条文、规范告诉员工在实际工作过程中应如何操作,明确具体的操作原则和细节,使员工"有法可依"。同时,还要通过激励和约束相结合的手段,确保各项规章制度的落实,做到有奖有罚,最终实现"有法必依"。

各作业流程可采用的防损举措如表 8-2 所示。

表 8-2　门店各作业流程防损措施

作业流程	措施举例
进货验货作业	1. 厂商应出示订货单,验收人员根据订货单逐一检查核对,查看商品与订单是否一致,检查包装外观是否有拆箱痕迹 2. 商品验收无误后,应立即转移至暂存区或卖场;已收商品和未收商品应严格区分,避免混淆 3. 问题商品一律拒收
理货作业	1. 合理陈列商品,应避免商品陈列方法不当引起的损耗 2. 商品一物一签,清晰明了 3. 不得随意标价,定期核对 POP 价格与价签是否一致,价签与商品是否明确对应 4. 标价机专人负责、专人管理
收银作业	1. 规范收银员收银基本动作 2. 收银员每天轮换不同收银台,避免滋生事端。新进收银员应由老收银员陪同,防止其因紧张等发生错误。收银主管应随时巡视,注意是否有异常状况,发现异常应及时停止该人员及收银机工作,进行审查核实 3. 避免收银员使用退货键或立即更正键来消除已登录商品的记录。收银、发票记录纸卷收回存档时,应注意是否有断裂或短少等情况

续表

作业流程	措施举例
盘点	1. 定期或不定期地组织盘点 2. 按照规定组织盘点，事前制订计划；盘点过程中注意方法的科学性与合理性，主管应随时了解盘点进度是否按照计划执行；盘点结束，经主管验收无误后，相关人员方可离开
生鲜品作业	1. 定期检查生鲜品储藏设备，发现故障及时排除 2. 生鲜商品应严格控制库存，订货应有主管或资深员工参与；生鲜商品如需短期内限时销售完，可在销售高峰就开始逐渐打折，以免成为坏品
变价作业	1. 制订明确、清晰的变价作业流程 2. 价格变动时，必须填写变价表，并及时通知财务等相关部门 3. 价格变动前和变动后，均应盘点库存数量，并报财务等相关部门
坏品管理	1. 每天各部门负责人均应填写坏品登记表，并加注原因说明，由门店经理确认 2. 及时处理坏品，与供应商办理退货手续或进行报废登记

（三）做好门店防盗、防火、防灾等安全工作

盗窃是造成非正常损耗的重要原因，因此要做好防损工作，必须加强门店防盗。

预防员工偷窃的举措有：

（1）建立严格的偷窃处理制度，形成有效的制度威慑力。

（2）建立内部举报和举报人奖励制度，保证举报人的个人利益和人身安全不受侵犯，加强内部监督和制约。

（3）严格员工上下班检查制度。上下班员工必须通过专门通道进出，并自觉接受检查。上班员工不得携带皮包进场，不得在当班期购买商品，员工在非当班期购买商品应有发票和收银条以备检查。

（4）建立完善的人事制度，健全员工绩效考核和激励、约束机制，加强员工职业道德教育和培训。

预防顾客偷窃的措施有：

（1）加强技术防护，做到技术防护与人员防护并举，互相结合，取长补短。

（2）加强员工防盗知识培训。明确防盗职责，对全体员工进行防盗知识培训，增强员工防盗意识和技能。

（3）加强作业流程管理，将防盗思想融入各作业流程的具体实践。

在做好防盗工作之外,还应做好防火等其他安全工作。俗话说"水火无情",必须落实好防火防灾预案,积极防范,妥善处理,才能将灾害造成的损耗降到最低。

第二节 门店能耗管理

一、连锁门店节能降耗的意义

能源正在越来越多地影响每个人的生活和每个企业的经营。随着节能环保行动的日益深入,零售业在全社会节能环保中的贡献度不断提高。节能增效、减少碳排放不仅是社会关注的热点,也是企业降低经营费用、承担社会责任的重要方面。

绿色低碳经济需要社会全体成员的参与,连锁门店也应发挥其应有的作用。随着社会各界节能环保意识的增强,"低碳商店"将成为连锁门店重要的发展方向。"低碳商店"是指通过引进节能降耗管理技术和设施设备,优化管理流程与方法,在节能降耗、减少碳排放方面取得良好经济效益和社会效益的零售门店。

二、连锁门店主要的能源消耗

一般超市的利润只有2%~3%,单纯能耗费用就占总费用的20%,这不能不引起相关企业的反思。其中电能耗用量最大,包装物费用次之。

在目前条件下,工商用电的费用是不一致的,当然还也有一些不利于超市节能的因素存在,比如一次性投入较大、对节能效果信心不足、税收上的负面影响等。调查显示,营业面积在8 000平方米左右的大型综合超市平均每家每年用电量为145万千瓦,所需要支付总的用电费用约为130万元,占门店销售总额的1.52%。包装物(包括购物袋、撕裂袋、包装盒等)年费用额超过40万元,占门店销售额的0.5%。水和燃气(油)每年所需费用分别在3.5万元和3万元左右。

英国学者于2011年对英国2 570家食品零售商店的能源消费状况进行

了研究。研究显示,超市的能耗与门店的业态、经营状况、产品品类、顾客消费行为及食品加工、保存和陈列所用的相关设备都有密切联系。不同业态的年度单位面积耗电量有很大不同,从 700 千瓦时/平方米到 2 000 千瓦时/平方米不等。即便是同一家企业的两个不同的连锁门店,能耗也会有差异。针对不同零售业态的特点,如果采取节能技术管理措施,对高于平均能耗水平的门店进行节能改造,将其能耗都降到平均水平,则每年可节电 8.4 亿千瓦时,相当于减少二氧化碳排放 355 000 吨。

企业能耗因业态形式、营业面积、商品结构、营业时间的不同而有所差异。但有一点是相同的:总有办法可以再降低一些能耗。目前大多数超市的用电设备主要包括冷冻冷藏设备、照明设备、中央空调机组、排风扇、自动扶梯用电、主食厨房用电、家用电器专柜用电、室外照明和灯箱用电等。其中最主要的用电设备是冷冻冷藏、电热柜等生鲜、熟食区域设备,用电量约占超市用电总量的 40% ~50%,空调用电约占 25% ~35%,照明设备用电约占 15% ~25%。超市生鲜商品配送冷链使用能源的费用也很高。

超市包装物也有控制空间。超市包装物最大的消耗在于塑料购物袋的使用,另外还有一部分是生鲜商品的包装盒、保鲜膜等。据调查显示,消费者进入超市购物基本上不会自带购物袋或循环使用购物袋,购物结束后使用购物袋也没有太多限制。据估算,我国超市全年销售额大约在 10 000 亿元左右,如果通过企业的努力能够使每百元销售额减少一个塑料袋的使用量,全国每年塑料购物袋的使用量将减少约 100 亿个,并减少支付成本近 1 亿元。

三、连锁门店节能举措

商店的环保节能措施,主要体现在以下几方面:

(1)照明方面根据客流量,采用分时段降低照度的自动调光装置,根据需要在楼梯间采用人体感应等方式自动开关灯。

(2)对冷冻冷藏陈列柜进行监测与控制,定期进行设备和配件的维修、保养、更换。

(3)卫生间安装感应式水龙头,建立用水统计及用水管理规章制度和奖惩措施。

(4)倡导适度包装,建立物品回收利用的相关管理制度并对废弃产品进行回收再利用。

(5)利用太阳能、风能等可再生能源。

(6)在立足门店节能减排的基础上,注重与社区消费者的交流,定期举办多种形式的节能环保宣传活动,倡导树立低碳消费理念。

(7)将节能纳入企业发展战略,从长远角度进行规划,并利用明确的指标(如年单位面积耗电量、年万元营业额能耗费用占比、年耗水量等)对门店进行考核,持续考核、持续改进,使节能成为门店全体人员的自然意识和习惯。

在做好节能考核的同时,应该配合一定的激励措施,比如在逐年节省的能耗支出中,提取一定的比例作为对门店员工的奖励。

第三节　门店安全管理

一、安全应变处理原则

安全管理的基本原则可以概括为"预防为主,责任明确,程序清晰,措施得当,全员参与"。

尽管大多数安全事故的发生都属于临时状况,但是如果能够针对可能存在的安全问题,事前做好预案,事发时由专责人员按照正确的作业程序来处理,事发后按照正确的程序做好善后工作,则可将突发安全事故的损害降到最低程度。

安全管理是门店全体员工的共同责任,应该"全民参与,全民预防",做到防患未然。门店全体员工均有责任在维护消费者购物安全和员工工作安全的同时,减少公司财务损失。

除了依据政府相关法规、规定正确设置各项安全措施并定期检查之外,还应定期对员工进行安全意识教育或举办安全事故应对演习,提高员工的灾害意识和警觉性,规范事故处理流程,提高员工处置突发事故的能力。

二、部分常见安全问题的处理要点

(一) 盗窃

商品失窃主要分为内盗和外盗两种。内盗是商店员工偷窃商店的商品或者财物,外盗是顾客或者假装成顾客的人偷窃商店的商品或财物。

尽管盗窃事故是全球性的管理难题,但是只要门店采取一些必要的防范措施,还是会有一定成效的。

1. 内盗

员工偷窃的主要形式及表现如表 8-3 所示。

表 8-3 员工偷窃的主要形式及表现

偷窃形式	具体表现
隐藏商品	员工利用各种形式和机会隐藏商品带出门店
食用和使用	利用管理漏洞在门店内食用或使用商品。比如:清洁完卖场卫生后,用商品香皂洗手,再用商品毛巾或面巾纸擦拭等
收银员漏结账	比如:收银员对购买的商品在结算时不输入电脑,只是人工收取现金,而顾客不以为意,最后这部分款项就有可能被收银员私吞
其他偷窃方式	比如:内外勾结偷窃,小团体互相包庇盗窃,隐蔽盗窃(如将商品置于垃圾桶内),利用处理残次、废弃商品的机会私占没有问题的商品等

防范门店内盗的主要措施有:

(1) 挑选诚实的员工,这样既可以减少内盗,又有助于防范外盗。对不诚实的员工,企业要有严格的惩治措施,比如沃尔玛对员工的不忠实采取"零容忍"的态度。

(2) 加强员工教育培训,培养员工诚实敬业、遵纪守法的作风,塑造良好的企业文化。

(3) 健全内部考核和监督制衡机制,让全体员工共同努力、互相督促。

(4) 加强技术投入,从物质条件上减少偷窃的机会。

(5) 不定期盘点。不定期地进行突击盘点,有助于发现问题、亡羊补牢,同时也可在一定程度上防范内盗行为,威慑内盗人员。

2. 外盗

外盗的主要形式如表 8-4 所示。

表 8-4 外盗的主要形式

偷窃形式	具体表现
隐匿商品	如将商品握在手中、藏在身上或者藏在口袋、皮包、雨伞等处,然后携带出店
更换商品	如将自己的旧衣服换下,穿商店的新衣服出店
更换价签	如将价格较高商品的价签换成价格较低商品的价签
混乱购物	如通过制造拥挤、混乱来趁机窃取商品

防范门店外盗的主要措施有:

(1)合理布置门店人员,门店人员定期走动巡视。员工可在走动过程中认真观察,对异常人员主动打招呼,询问是否需要帮助。

(2)经常对员工进行培训,组织经验交流,使新员工尽快熟悉各类消费者的特点。

(3)理货员应定期整理、检查商品排面,避免让盗窃者有机可乘。

(4)利用技术手段加强防盗力度。在盗窃易发、高发场所增设防盗措施和设备,如反射镜、闭路电视、监控系统等,并给出明确的警示标语,用以警示试图偷窃的顾客。也可在商品标签上暗藏微波发射器,发生偷窃时会在出口处自动报警。

(5)收银员应把好最后一道关。收银员应在停止收款时及时将相关出口拦上,确保顾客从有收银员的通道通过。收银员应仔细检查手推车、购物篮底部,确保没有商品藏于其中。尽量将高单价或者体积小的商品置于收银员的视线之下,以便于管理。

商店的防盗措施多种多样,但是在盗窃行为发生时,有一条原则需要遵循,即有争议时,要想到用法律的手段来解决。首先,法律要讲证据,在确认盗窃行为时要有明确的证据,且注意处理的方式和技巧;其次,产生争议无外乎两种情况,一是行窃者不认账,二是确实抓错了。对待前者应在证据确凿的情况下,讲清道理,促使行窃者认错,至于交当地公安机关处理则是最后的办法。如果确实抓错了,则应诚恳地向顾客道歉,争取顾客的谅解。

(二)抢劫

预防抢劫应做好以下几方面工作:

(1)商品布局和商品陈列要合理。商品布局和陈列的不科学、不合理往往会给歹徒提供便利条件。比如:商品乱堆乱放、陈列杂乱拥挤,歹徒可能会认为这家门店疏于管理,比较好下手,遭抢的可能性较大;灯光昏暗,卖场混乱,也是歹徒和小偷喜欢的作案环境。

(2)严格规范现金管理。可在收银机下设置保险柜,将大笔现金直接放入保险柜。建立投库制度,规定收银机内的现金不得超过一定的数量,超过就需要投入保险柜内。收银员在交接班时点钱动作要快,避免在顾客面前长时间数钱。

(3)商店人员应保持高度警惕性。平时应进行防抢教育和训练,以便在意外发生时正确应对。与公安机关或保安公司建立密切合作关系,并张贴告示,以警示潜在犯罪分子。店员应随时注意可疑情况,如未熄火停在门外很久的汽车、在门外长期逗留并观察商店内部的可疑人员。

(三)火灾

俗话说"水火无情",火灾对人员、财产安全的威胁很大,因此必须做好火灾的事先预防工作。应将"防火器材位置图"和"人员疏散图"张贴在店内指定的醒目位置。定期保养和检查消防设施,定期对全体员工进行培训,定期举行防火演习等。

发生火灾时,如果是小火,应迅速扑灭,并向门店负责人汇报;如果火势无法控制,则应迅速拨打火警电话,并疏散人员,确保人员安全。火灾发生后应查明原因,总结改进,以防患未然。

复习题

一、名词解释

损耗

二、简述题

(1)试分析门店损耗产生的原因及应对措施。

(2)试分析门店能耗控制的意义和措施。

(3)门店常见的安全隐患有哪些,应该如何避免?

三、案例分析题

事故一:某超市门店店长在开业前巡视卖场时,发现生鲜肉柜台前有积水未被打扫干净,就叫来相关人员让其清洁,然后就去巡视其他地方了。但那位员工由于忙着补货,未能及时清扫。开门营业后,一位老人直奔这个肉柜,正好踩到积水,不慎滑倒造成了骨折。结果是由公司负担该顾客的全部医疗费用。

事故二:虽然年前公司总部、门店工作都很忙,但领导仍要求在年底前最后一天召集所有门店店长来公司开专项安全会。公司要求每日门店闭店后,将贵重商品(如名烟、名酒)从柜上撤下,放到安全的地方。次日夜里,一门店被三个蒙面人抢劫,但由于店长按要求将贵重商品转移,因此未造成太大的损失。

思考题:试分析提高门店安全管理水平的意义及举措。

本章小结

本章第一节主要分析了门店损耗产生的五大原因,以及三个方面的重要举措。第二节分析了连锁门店节能的意义和措施。第三节重点分析了确保门店安全的应变处理原则,以及具体针对盗窃、抢劫、火灾等常见安全问题的处理要点。

第九章

门店服务管理

学习目的与要求

通过本章的学习,对门店服务的特性、门店服务设计、门店服务常见项目有全面的认识,掌握门店服务改进与实施管理办法;熟悉门店服务技巧,掌握微笑的艺术、语言的艺术,能够巧妙处理顾客的抱怨。

关键词

服务设计　微笑　语言　抱怨

第九章 门店服务管理

导入案例

"We are ladies and gentlemen serving ladies and gentlemen"
——丽兹—卡尔顿（Ritz – Carlton）黄金标准

丽兹—卡尔顿饭店的员工们在任何时候都随身携带"黄金标准"信条卡，该饭店要求每一名新员工都能自觉奉行公司的标准，这些标准包括"信条""服务三步骤""座右铭""二十个基本点"以及"员工承诺"。全部内容反复强调的宗旨是，永远把注重每个客人的个性化需要放在第一位，为每一位客人提供真正热情体贴的服务。所有员工每日都要时时提醒自己，他们是"淑女与绅士为淑女与绅士服务"。丽兹—卡尔顿饭店在世界各地的每日训言都是一成不变的："超越客人的期望，是公司最重要的使命。"

员工满意度是"黄金标准"中的闪光点。"淑女与绅士为淑女与绅士服务"——这句话可以看做是员工满意度和顾客满意度的结合。丽兹—卡尔顿饭店视稳定地拥有出色的员工群体为公司的首要任务，公司培训员工的方法是以此为基础的。丽兹—卡尔顿饭店的员工稳定率高出同业平均值66%，并且保持了多年，使丽兹—卡尔顿饭店节约了成本、提高了利润。这一培训方法被世界各地的众多公司——从《财富》全球500强公司到成功的家族企业，作为经典模式引用和效仿。

资料来源：喜来登的酒店企业文化探究，职业餐饮网，http://www.canyin168.com/glyy/qywh/jdwh/201105/30654.html，2011年05月08日。

思考题：请分析门店服务对于门店运营与管理工作的重要性。

第一节 门店服务规范

一、门店服务概述

（一）门店服务的定义和基本特性

顾客服务是指零售商为顾客提供的、与商品购买相联系的、旨在满足顾客的合理需要并提升购物价值的一系列无形活动。

与有形的商品不同，门店为顾客提供的服务具有以下特点：

(1)无形性。服务是一种动态的使用价值，是一种消费经历和体验，无法看见、听见、品尝、触摸、嗅闻，而且消费者无法获得服务的物质所有权。

(2)可变性。服务无法像有形的商品那样易标准化，每次服务带给顾客的效用、顾客感知和服务质量都可能存在差异。

(3)不可分割性。服务一个很重要的特性就是服务传递者与服务接受者之间的互动关系，服务是在这种互动关系中完成的，服务的生产和消费过程是同时进行的，服务生产出来的同时就被消费掉了，无法进行服务的分割。

(4)易消失性。服务产品无法储存，只有在出现消费者需求时才会生产，若未能有效利用服务生产能力，则意味着损失。

狭义的顾客服务，是指直接接触顾客，满足顾客的合理需求，并超出他们的期望。但是从广义的角度来看顾客服务，它所包含的范围就非常大了：收货时对质量的要求，为顾客挑选检验合格的商品；订货时精确地按照实际的销量、季节的变化下单，维持门店内充足的库存，不致让顾客白跑一趟，买不到想要买的东西；采购时详细地做好市场调查，了解市场行情，为顾客挑选物美价廉、物超所值的商品；管理层切实做好公仆，领导树立典范，照顾好下属的员工，让同事愉快有效地工作，才能把欢笑带给顾客；等等。虽然有些工作不是直接地面对顾客，只是间接地默默耕耘，却仍然会作用于顾客。

（二）门店服务的作用

连锁门店本质上属于服务业，服务业讲求的就是为顾客服务。服务业的商品研发、品质改良与制造业不同,服务业的商品就是人,品质改良就是针对顾客提供更好的服务,通过对服务人员的教育培养,提高他们的服务意识和服务品质,使服务工作做得更好。所有的培训工作(营运采购、财务行政、人事防损、工程资讯等)都是为了达成一个目的——让顾客得到更好的服务,让顾客的满意度更高。顾客服务虽然有点抽象,看不见摸不着,却是市场竞争的无形武器。大家公平地参与竞争,广大的顾客是裁判,由顾客决定谁是优胜者、谁是失败者。

具体来说,门店服务有以下几方面的作用:

(1)良好的服务是吸引顾客、促进销售的有效手段。良好的服务可以提升顾客的购物体验和价值,使顾客愿意来到门店,愿意进行更多的消费。

(2)良好的服务有助于保持顾客忠诚度。良好的服务可以提高顾客的满意度,进而提高顾客的忠诚度。

(3)良好的服务有助于形成良好的口碑,树立良好的企业形象。

(4)良好的零售服务是商店获得竞争优势的有效途径。在商品差异化程度不大的情况下,服务可以成为门店差异化最重要的方面,使门店获得独特的、难以复制的核心竞争优势。

(三)门店服务常见的方式

零售店不仅是为顾客提供商品的场所,同时也是为顾客提供相关服务的场所。

服务按先后顺序可分为售前服务(在顾客购买商品之前,向潜在客户提供的服务)、售中服务(向进入现场或进入购物流程的顾客提供的服务)和售后服务(向已购买商品的顾客提供的服务,是对商品价值的延伸和保证)(见表9-1)。

表9-1 门店服务常用的主要方式

服务类型	常见服务内容
售前服务	购物环境卫生、商品陈列、购物指南、商品介绍、信息咨询服务、培训服务、免费试用、赠送宣传资料等
售中服务	销售接待服务、在线销售服务、订购服务、加工服务、现场导购、现场宣传、现场演示、照看婴儿、包装和调试等
售后服务	送货服务、安装调试、维修服务、抱怨与投诉处理、退换货服务、组织用户交流、培训服务等

二、门店服务设计

良好的门店服务可以说是连锁门店的核心竞争力之一:良好的服务是吸引顾客、促进销售的有效手段;良好的服务有助于保持顾客忠诚度;良好的服务有助于形成良好的口碑,树立良好的企业形象;良好的零售服务是商店获得竞争优势的有效途径。

但是,好的服务并不意味着面面俱到的服务,即不加选择地提供所有可能的服务。因为任何服务都有相应的成本,过度的、不加选择的服务项目会造成企业资源的浪费,削弱企业的盈利能力。同时,如果服务项目缺乏针对性,即使企业提供了也未必会获得消费者的认可和接受,最终形成"费力不讨好"的尴尬局面。

那么,零售商究竟该选择什么样的服务项目?服务要达到什么样的质量水平?这些问题需要零售商综合考虑。如果仅凭几个人的简单设想,就贸然开设服务项目,往往会得不偿失。

服务设计应考虑的因素如下:

1. 目标顾客的服务期望与承受能力

根据现代服务营销理论,顾客对服务质量的满意度取决于顾客实际感知到的服务质量与其期望的服务质量之间的差距。如果顾客对服务的感知水平符合或高于其预期水平,则顾客会获得较高的满意度,从而认为企业具有较高的服务质量;反之,则会认为企业的服务质量较低。从这个角度看,服务质量是顾客预期的服务质量同其感知的服务质量的比较。

(1)理想服务和适当服务。

零售商提供服务的目的,就是要让目标顾客接受并提高其满意度。因此,了解目标顾客对服务的实际期望是服务设计的起点和关键。但这一点常常被忽视,我们最常见到的决策方式是:

当管理者听到顾客有什么抱怨,或者相隔一条街的竞争店开设了什么服务项目,就赶紧去实地考察一下,回来之后马上照样"拷贝"一下,一个服务项目就此开展起来。但是事实上,顾客真的需要这种类型的服务吗?

其实,顾客对于门店服务有两种不同的期望:

第一种叫做理想服务,这是顾客期望零售商能够提供的服务项目和质量水平。当然,由于现实条件的限制,或是由于竞争不充分而顾客没有选择余地时,顾客往往不得不承认自己的理想服务期望是不现实的。

第二种被称为适当服务。适当服务是顾客可接受的最低或最起码的服务水平,反映了顾客相信其在服务体验的基础上可得到的服务水平。

例如:当一个拥有约3 000户居民的大型社区,周围5公里内只有一家卖场时,那该零售商就没有必要提供太高档的服务,比如客单价达到多少可免费送货等。此时顾客对于服务水平的期望较低,这种低水平的服务期望被称作适当服务。

但是,这家卖场不提供普遍意义的免费送货,并不意味着该项服务就完全不需要。垄断型的卖场至少可以帮助创造高客单价的老人送货,这非常有助于培养社区口碑(老人是天然的消息传播者),以便在将来有竞争店时留住一部分忠诚顾客。

(2)容忍区域。

在理想服务与适当服务之间,存在一个差异范围,这一差异范围被称作容忍区域。如果一个零售商提供的服务水平低于容忍区域的下限,即降到顾客可以接受的适当服务水平之下,顾客将感受到挫折并降低对商店的满意度。

例如:当顾客在超市排队付款时,大多数顾客对排队时间可接受的范围大约在5~10分钟,假设排队付款能在这段时间内完成,顾客也许就不会对等候有意见。

如果顾客在一家超市排队付款的时间总是在2分钟之内,他可能会注意到这项服务并判断其为优秀的服务;如果该顾客在另一家超市排队付款的时间超过了10分钟,他(以及大多数排队的其他顾客)会开始抱怨并不停地看表,有些顾客甚至会弃商品离去。

一些注重服务质量的商店会时刻关注顾客排队的时间及顾客丢弃商品的购物篮,从而判断收银员的收款业务是否达到顾客期望的水准。

零售商在设计服务时,不仅需要弄清楚顾客的服务期望,还需要弄清楚顾客对服务的容忍区域。适当服务是零售商必须提供的,如果缺乏适当服务将会导致顾客流失;理想服务对于一般的门店而言不必强求,但对于以服务作为竞争优势主要来源的门店而言,则需要提供优质的理想服务,这样有助于强化顾客忠诚度,提升企业形象。

需要注意的是,理想服务和适当服务都是相对来说的。

有些服务项目在某些零售商看来或许是适当服务,但对另一些零售商而言则可能是理想服务。例如:送货对家具店而言是必须提供的(适当服务),而对于普通的卖场则可能是理想服务。

不同业态和不同竞争战略的零售商店,顾客对其的服务期望是不同的,从顾客角度看,货仓式商店雇用为数不多的店员就能使顾客感到满意;而在中高档百货商店里,许多穿着礼服、彬彬有礼的服务员也不一定能使顾客满意。

即便是一个门店里的不同品类,顾客对服务的需求也是不尽相同的。

一般情况下,食品、百货等普通产品,除非顾客需要(例如产品咨询服务),应给予顾客充分的购物自由。也就是说,不要轻易打扰他。

大小家电、化妆品、医药、钟表、家居装饰品、服装鞋类、床上用品、高档烟酒、熟食等需要向顾客推介、说明的商品,顾客期待员工的专业知识,如果员工为顾客介绍的内容超过顾客的预期,效果将是非常好的。很多保健品厂家的促销员其实也就是在利用这种方法。

此外,不同的顾客具有不同的容忍区域。一些顾客的容忍区域较窄,其对零售商提供的服务水平会比较挑剔;而一些顾客的容忍区域较宽,其对零售商偶然出现的服务差错也能接受。一般说来,知识水平高的顾客更关注态度等体验式的服务,而知识水平低的顾客更关注能带来实惠的服务。

2. 其他因素

零售商在设计服务项目时,不仅要考虑顾客的服务期望,而且要考虑顾客的经济承受能力、竞争对手状况和服务项目的成本及经济效益。

(1)顾客的经济承受能力。

目标顾客的收入水平不同,顾客愿意支付的价格也不同,零售商可以提供的服务也不同。如果零售商由于提供服务而导致商品价格较高,目标顾客宁愿放弃其所需要的服务,而接受较低的商品价格,那么该项服务就不是顾客的需要。

(2)竞争对手状况。

零售商必须考虑竞争对手向顾客提供的服务,并分析是否跟随竞争者,也向顾客提供相同的或类似的服务,或者是更高质量的服务,或者用比较低的销售价格来取代这些服务。例如:现在各个城市的大卖场都在竞相开办免费班车,就是因为有些店的动线被其他店所截断,而不得不开设班车。

(3)服务项目的成本及经济效益。

服务应该直接或间接地促进销售,而不能完全与销售无关。设计时必须考虑某项服务能否促进销售,是否可以实现成本—收益比的最大化,以及保证服务在顾客容忍区域内实现效益的最大化。

从图9.1中我们可以见到某项服务对销售量的影响。

其中:

A线表示销售量与该服务项目的服务水平无关或相关程度很小;

B线表示该服务项目的服务水平与销售量呈线性关系,提供该项服务会相应增加商品销售量;

C线表示提高该项服务水平在开始时能够促进销售量的增长,但若继续提高,则销售量增速会减缓,甚至停止增长;

D线表示在一定范围内提高该项服务水平对销售量的影响很大,而当该项服务处于较低或较高水平时,对销售量影响都很小。

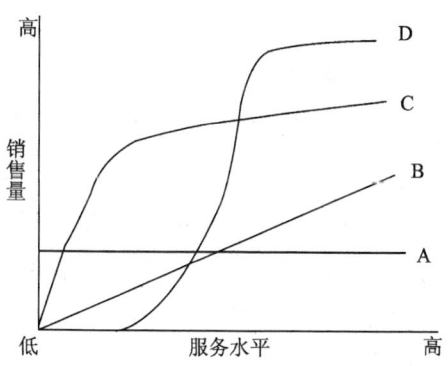

图9.1 服务水平与销售量的关系图

事实上,一线人员凭借POS数据和日常经验就能得出这样的曲线,但却很少有人来对此做出分析。

零售商提供每一项服务,都需要付出一定的成本,因此,管理者必须仔细设计自己的服务项目,并计算这些服务成本需要产生多少额外的销售额才能得到补偿,并据此确定服务水平。

例如:如果为顾客提供的某项服务,每年预计要增加2万元的服务成本,而商店的毛利率为20%,那么所提供的该项服务必须能够促进销售,使销售额至少增加 10 万元,这项服务才是有效益的。这里关键的判断标准是增加或取消服务项目的经济效果。

遗憾的是,目前在本土企业中,很少有人研究各项服务的利益—成本关系,而只是根据感觉增加服务项目,当服务项目增加而导致经营费用显著增加时,便随之将商品价格提高。这正是零售组织不断地从"三低"(低费用、低毛利、低价格)策略转向"三高"(高费用、高毛利、高价格)策略的原因。

三、门店服务常见的项目

门店服务的形式多种多样,下面是一些较常见的服务项目。

(一)预订购物

对于市场上的名牌耐用消费品,为了满足顾客的消费需求,可以在成交前由顾客预交一定比例的订金,货到后商场按预定顺序结算付款。

优势表现:可以使顾客提前获得购买名牌耐用消费品的拥有感,并加速商品的销售速度。

(二)设置问讯处(咨询处)

问讯处一般设在商场底层的中心,工作人员一般是精通业务的年轻女性。她们的主要任务是让所有踏进商场的顾客高兴而来,满意而归。服务人员热心地向顾客介绍商场的布局,指导顾客到他们想去的柜台,充当顾客的购物参谋。有的问讯处还设有缺货登记簿,请顾客留下所需货品名称、数量及联系方法,一旦有货,立即通知顾客,或者送货上门。除此之外,问讯处一般还负责大额货币兑换、出借电话等工作。

(三)金融方面的服务

零售商场在通常情况下是以现金交易为主,但是为了消费者购物方便及大金额的交易,商场还提供如下金融方面的服务:

(1)信用卡付款。顾客使用银行或商场自己发行的信用卡购物,可以省去携带大量现金的麻烦和不安全感。

(2)分期付款。分期付款服务,一般是针对价格较高的商品,在售出时只要求购买者先支付一部分货款,顾客可以在买回商品后的一定时期内每期偿还一部分,期满结清货款。

这种服务既可以帮助顾客解决想买商品而又暂时财力不足的问题,又有利于加速商场商品和资金的周转,提高经济效益。

（3）赊销。赊销是商场提供的最受欢迎的服务项目之一,它允许顾客先把商品带回家,晚些时候再付款,所以它也是一种花费比较大的服务。但是,只要处理得当,是可以为商场增加收入的,因为它可以推动顾客购买,为商场带来更多的营业额。当然,如果赊销政策过于宽松,也可能使商场利润减少。

（四）包装服务

为顾客购买的商品进行妥善的包装,是商场服务中不可缺少的项目。这种服务可以很简单,只要将商品放在纸袋或塑料袋中就可以了;也可能比较复杂,像精致的玻璃器皿,需要放在专门防破碎的盒子中。

商场提供的包装服务,应与自己经营的商品以及商场的形象相适应。薄利多销的食品、杂品,只要简单地放在袋中就可以了;高级服装则需要放在合适的盒子或美观的购物袋中,以便于顾客携带回家。也可以将顾客购买的商品放在预先包装好的礼品盒中,以符合商场自身的整体形象。

许多商场为顾客提供礼品包装服务,有的收一点费用,有的则完全免费,包括礼品盒和缎带及印有商场名称标记的包装纸、包装袋,提供这种包装不仅是一种友好的表示,也是一种广告形式。

（五）送货与安装服务

对于体积大、较笨重的商品,商场应为顾客送货上门,必要时还要为用户安装调试。这种服务既给顾客提供了较大的方便,又可避免用户在安装调试过程中出现不必要的事故,还可以为商场增加回头客。

（六）邮购服务

邮购服务是指商场将外地消费者求购的商品通过邮局寄送给顾客。这项服务的优点是节省了顾客购买商品所花费的时间和费用,可促进商品销售。

顾客要求邮购的商品,一般体积较小,需求较迫切,所以商场提供这种服务时,一定要注意弄清楚顾客的地址,把商品包装牢固,并尽快发出。

（七）商品的退换

做好商品的退换工作,是商场提高服务质量的一项重要内容。各个商场的退换策略是不一致的:有的是坚决不退不换;有的是顾客至上,有求必应;也有的采取折中的策略。商场的退换策略如何,在很大程度上影响着顾客对商场的信任程度,进而影响到商场的营业额。超市的商品退换应根据《超市商品退换货制度》进行,做到保证满意,超出期望。

(八)商品的修理

装置有运动机件的任何产品,都是提供修理服务的对象。商场提供的商品修理工作,在商品保修期内实行免费维修,超过保修期则收取一定的费用。有条件的商场还可对大件商品提供上门维修服务。

为顾客提供此项服务,有助于为商场带来更多的销售额,因为对顾客来说,所买商品出现故障以后能否得到及时的修理,是非常重要的。在提供此项服务的商场购物,顾客就如同吃了定心丸,可以放心大胆地选购商品。

修理服务可能是最难办理的服务之一。比较好的修理服务,可以促进业务经营,为商场带来更多的销售额;但反过来,如果顾客得到的修理服务低于其预期的标准,那么他今后就有可能不再来这家商场购物了,而且会把他们的不满告诉他们的亲朋好友,反而会影响商场的销售。

(九)形象设计服务

这是一项新兴的服务形式,它是由商场专门聘请形象设计师,为顾客进行形象设计。设计师根据顾客的身材、气质、经济条件等情况指导顾客该梳什么样的发型、化什么样的妆、买什么样的衣服、配什么样的饰物。此项服务很受顾客欢迎,大大刺激了顾客的购买欲,而且很多顾客是整套地购买服装和饰物。

商家与顾客之间的关系,是服务与被服务的关系,只有被服务者接受服务以后确有收获,商场才能增加销售。这项服务设身处地为顾客考虑,投其求美的心理,有效地调动了顾客的购买欲,从而达到了促销目的。

(十)租赁服务

有些商场针对一些价格较高、顾客在生活中使用机会很少的商品,开展租赁服务。例如:商场预备有婚礼服装、用具等,顾客遇到婚庆活动,可以向商场租用,只要付给一定的租金就可以。提供这种服务可以使这些商品尽快进入使用过程,尽早发挥商品的使用价值,并且提高这些商品的利用率。另外,顾客在租借和送还这些商品的时候,还可能会顺便从商场买走一些相关商品。

（十一）临时幼儿托管

现在很多大型商场设有幼儿托管室，凡带幼儿来商场购货的顾客，都可以把幼儿寄托在这里，商场有专人负责照料。幼儿托管室除了备有各种玩具供幼儿玩耍之外，还提供一些糖果、点心等，对孩子的吸引力很大。

这项服务很受领着幼儿前来购物的家长的欢迎，因为带孩子到商场购物，往往会因孩子的吵闹玩耍影响了选购商品，无形中减少了在商场停留的时间。有了幼儿托管室，顾客可以放心购物了，购物时间延长，商场交易额自然会增加。

（十二）提供休息室

有的大型商场利用一部分场地，开辟顾客休息室，供顾客来此休息和交谈。休息室里一般会准备一些报纸、杂志供顾客阅览，并出售各种饮料和小点心，有的还播放音乐、影片、新闻等。

（十三）提供连带销售

为了方便顾客，许多商场在出售其主营商品之外，还兼营一些其他的商业项目。例如在商场中设有快餐厅、小吃部等，向顾客售卖饮料食品，这些连带销售使顾客融购物休闲为一体，满足了现代人快节奏生活方式的要求。

还有的商场兼卖戏票和球票，甚至火车票、飞机票，也很受顾客的欢迎。

以上这些都是比较常见的服务项目，除此之外，有些商场还提供一些其他服务，如免费停车场、公用电话、美容、免费签裤角等，为顾客及附近居民提供了极大的便利。

四、门店服务改进与实施管理

（一）门店服务改进

消费者对门店服务是否满意，取决于消费者期望与实际服务水平之间的服务差距。以下四个方面的原因会导致服务差距：

（1）认识差距，是指顾客期望与零售商对顾客期望的认知之间的差距。门店管理者并不总是能够正确地感知顾客的需求。

（2）标准差距，是指门店对顾客期望的认知与门店为之制定的服务标准之间的差距。想法未必总能形成实际有效的执行方案。

(3)传递差距,是指门店的服务标准与实际提供给顾客的服务之间的差距。好的方案未必能够百分之百地得到执行和贯彻。

(4)沟通差距,是指门店为顾客提供的实际服务和对外宣传中承诺的服务之间的差距。对外宣传的服务承诺会提高顾客的期望,但是实际服务水平与宣传之间存在差距。

从理论上来说,改进服务,就要努力缩小四种差距,使门店的实际服务水平与顾客期望之间的差距逐渐缩小。在实际的服务改进过程中,可以从以下方面着手:

(1)定期调研总结,了解消费者的真实需求、竞争对手的状况和自身服务项目实施情况。不同的顾客有不同的需求,服务也要跟着改变。门店也要定期关注主要竞争者的动态,只有向顾客提供比竞争对手更优质的服务,才能在竞争中抓住顾客。同时,顾客的期望并不是一成不变的,现在的优质服务也许过一段时间就会显得相对不足,需要对服务项目进行调整和重新设计。因此,门店应该定期对门店服务进行盘点和分析,并对服务进行动态调整,才能在激烈的市场竞争中胜出。

(2)寻找并控制关键的服务节点。服务节点是指提供服务时与顾客互动关系的触点,是顾客在服务过程中最关心、最敏感的方面。要提升服务质量,必须确定关键的服务节点,并围绕服务节点进行持续不断的改进。

(3)注重持续的理念灌输与培养。理念决定行动,要提供优质的服务,必须使"顾客满意"的服务理念从上至下贯穿于各级员工的心中,使之成为员工的核心价值观之一,使顾客满意成为各级员工的共同使命和责任。改进服务不仅仅是销售、市场和客服部门的事,而应该"全员参与,全员共建"优质服务。

(4)设计具体可行的服务标准。只有具备了具体可行的服务标准,良好的服务理念才可落地实施,否则再好的理论也仅仅是理论而已。虽然服务是无形的,但是应通过有形的标准使之标准化。比如要求"客服专员必须在15秒钟内接听顾客电话",就是一个明确、具体的质量标准,这比要求"话务员必须尽快接听电话"更加具有可操作性和可考核性。

(5)实施有效的服务补救计划。门店在提供服务时难免会因为各种原因出现差错,因此门店应该有完善的失误补救计划,以便在服务出现失误时能够尽快采取补救措施,消除不良影响。

(二)服务中应注意的问题

(1)要适应消费者的心理特点,根据消费者的需求开设服务项目;

(2)要根据商品的特点分别设立相应的服务项目,使消费者在购物前、使用中和购物后都能得到更多的方便;

(3)善于发现潜在需求,在竞争中先声夺人;

(4)处理好服务的退出。

当零售商发现有些服务是无价值的服务,或公司无力承担该项服务的高成本时,这项服务可能不得不终止。

然而,零售商可能会面对这样的情形,一旦其服务形象已经树立起来,顾客可能对任何服务的减少都会产生消极的反应。此时,零售商的最佳应对策略是:

(1)直截了当地向顾客解释为什么终止该项服务,并告诉顾客他们将从商品价格下调中获得利益等。

(2)零售商也可以选择中间策略,先解释成本压力(例如服务材料费用上涨),然后对先前的免费服务收费,允许那些想要服务的顾客继续使用。

第二节 门店服务技巧

门店员工直接与顾客打交道,身处为顾客服务的一线,如何提供更优质的服务,不同企业、不同员工在认识和理解上存在着差异,但是也有一些通过实践总结出来的技巧和艺术。有时候,面对同样的商品、同样的顾客,掌握了相应服务技巧的销售人员可以从容应对,帮助顾客解决问题,让顾客高兴而来、满意而去;而没有掌握销售技巧的销售人员,会让顾客高兴而来、败兴而归。因此,掌握一些常用的服务艺术和技巧,对门店人员是至关重要的。

一、微笑的艺术

在实践微笑艺术方面应注意以下问题:①要发自内心地微笑;②要学会

控制情绪,决不能将自身的负面情绪和烦恼带到工作中,区分好工作和生活的界限;③要心胸开阔,保持愉快的情绪,尽量避免与顾客发生直接冲突;④要善于利用微笑与顾客拉近距离,化解敌意;⑤要保持同理心,善于从顾客的角度理解、考虑问题。

二、语言的艺术

使用服务用语的基本原则包括:①注意话语的逻辑性;②突出重点,简明扼要;③实事求是,不哗众取宠、夸大其词;④不与顾客发生直接的言语冲突;⑤"到什么山唱什么歌",用语应根据环境、对象做出调整;⑥尽量使用大众化、通俗化的语言,拉近距离,减少沟通障碍。

(1)多用敬语,避免命令式的语句。例如:顾客想购买的商品没有了,如果只是简单地说:"没有了,卖完了,有货再说吧!"如此简单、粗暴的回答缺乏诚意,顾客听了一定会产生反感,觉得门店管理差、服务差,从而产生负面评价。但是如果改成:"实在抱歉,您要的商品刚好卖完了,不过我们已经去进货了,明天应该就到了,麻烦您明天再过来看看好吗?"就会让顾客觉得自己受到了尊重,也获取了相应的信息以便做出购买决策的调整,会比较高兴地接受,再次购买的可能性较大。

(2)多肯定少否定。服务过程中应多用正面的、肯定的句式,少用负面的、否定的句式。比如顾客问:"这件衣服还有其他颜色么?"导购回答:"没有。"这是很明显的否定回答,顾客很可能放弃购买。但是如果导购说:"这款衣服还有红色,但是真不巧我们店刚好卖完了,你可以先试试大小感受一下款式,如果喜欢我们可以从其他店调货。"或者回答:"真不好意思,这款衣服恰好没有其他颜色,您可以试试类似的款式,颜色选择更多一些。"这两种都是肯定的回答,而且巧妙地留住了顾客。

(3)要注意转折的运用。一般而言,转折之后的语句是重点内容,所以要多运用先抑后扬的介绍办法。如"价格虽然高了一点,但质量很好"和"质量虽然很好,但价格稍微高了一点"说的是同一事实,但是给顾客的感受是不同的,明显第一种"先抑后扬"的方法更容易被人接受。

(4)言语要生动,语气要婉转。如"这件衣服挺适合您的"这样的说法太简单,不够生动,顾客会想:你为了卖东西肯定会对每个人都说适合。"您穿上这件衣服显得很高贵,像贵妇人一样"则显得有点别扭和夸张。"这衣服就像为您量身定做的一样,款式新颖,做工考究,您穿上显得年轻了好几岁。"这句话相对具体、生动,顾客比较乐于接受这种恭维。

（5）语言要通俗易懂。销售人员应尽量讲普通话;尽量避免使用专业术语,如果实在要用,应该进行清晰的解释;通俗不意味着粗俗,应尽量避免粗俗的语言。

（6）讲话时要注意肢体语言的运用,配合适当的表情和动作。一般不要"扫视、侧视"顾客或者眯着眼睛看顾客,因为扫视会给人心不在焉的感觉,侧视或眯着眼会给人蔑视、不尊重顾客的感觉。服务过程中也要避免用手指对着顾客指指点点,因为这不礼貌,甚至带有威胁、教训的意味,让顾客难以接受。

（7）在服务过程中应该多提建议,少做结论,让顾客感觉受到尊重。武断的说法是:"我们的商品是最好的,那个品牌不好。"这种"王婆卖瓜,自卖自夸"的说法一般很难打动顾客。建议的说法是:"虽然那个牌子也不错,但是我们的独特优势在于……你可以比较一下,我们的优势还是很明显的。"有理有据的建议,使顾客更乐于接受。

（8）要对顾客提出的问题及时做出反馈。要有问必答,遇到实在回答不了的问题,应向顾客表示歉意,并帮助顾客找到可以解答疑问的人。

（9）要学会真诚地赞美顾客,不要有口无心、口是心非地奉承顾客。真诚的赞美,是实现良好沟通的有效方式。

三、巧妙处理顾客的抱怨

顾客产生抱怨的原因是多种多样的,门店员工应针对顾客抱怨的主要原因,进行针对性的处理。不同的顾客,解决其抱怨的方法也不尽相同。但是,在处理抱怨的过程中,有一些基本的原则是需要是遵守的:

（一）从顾客角度着想,真诚地帮助顾客解决问题

这是解决顾客抱怨的第一原则。顾客抱怨本身不是目的,而是为了解决问题。应该从顾客便利的角度考虑问题、发现问题,并提供力所能及的帮助。只有最终妥善解决了顾客的问题,才算完成了对投诉的处理。问题解决得好,顾客满意,才会愿意再次光顾;如果敷衍了事,顾客只会更加不满,

或者闹得更大,也许以后永远都不再光顾。

(二) 耐心倾听,适度认可或表示理解、赞同

接待人员在面对顾客投诉和抱怨时,一定要耐心倾听,让顾客把自己想说的话全都说出来,这样一方面可以让顾客的负面情绪得到宣泄,心态稍许平衡;另一方面可以更好地抓住问题的关键。同时,在倾听的过程中可以适当点头,或者说"是的,我完全理解"等字眼,让顾客感受到你正站在他的角度思考问题,拉近与顾客的心理距离。

(三) 不争论,多理解,多道歉

对于顾客提出的问题,无论其责任是否属于门店,接待人员都必须真诚表示歉意,并感谢顾客提出的问题。对于个别言辞激烈的顾客,更应平和应对,避免事态扩大,不得有任何懈怠或者轻侮,绝对不能逞口舌之利与顾客争吵,这样只会加剧矛盾。

(四) 快速做出反馈

要对顾客的问题快速做出反馈,拖延无助于问题的解决,并可能会使问题恶化。门店应立即处理顾客的抱怨,根据不同的情况,对顾客的问题马上给出处理意见,提出具体的解决方案和时间表,并立刻采取具体的行动。

(五) 利用投诉做好服务补救工作

处理完顾客的投诉和抱怨后,应再次询问顾客还有什么问题,如果有则进一步帮助解决,亦可让顾客自己提出解决方案。如果顾客提出的问题一时无法解决,也应告知一个明确的时限,避免顾客空等。应该把投诉理解成从客户角度出发改进现有服务工作的一个好的契机。

(六) 保持同理心,保持克制,控制好自身的情绪

顾客在投诉时,往往是怒气冲冲,甚至是情绪失控的。因此,服务人员容易对前来投诉的顾客产生反感,无意中将顾客与自己对立起来,采取对抗或者冷漠的态度。但是,对抗或者冷漠只会"火上浇油",使问题升级,甚至会产生激烈的冲突,这些都无助于问题的解决。其实,在面对顾客的投诉时,最需要的是同理心,即站在顾客的角度去看问题,相信顾客不会无缘无故地抱怨,也不会无缘无故地发火,服务人员应认真倾听顾客的抱怨并找到问题的根源,然后帮助顾客解决问题。

同时,在面对顾客的指责或攻击时,应该保持克制,控制好自身的情绪。顾客的投诉肯定会对服务人员产生一定的压力,人在自然状态下面对压力会产生对抗反应,但是如果服务人员以对抗的态度来对待顾客,顾客只会用更大的愤怒反击;如果服务人员始终以一种礼貌友好的态度对待顾客,让顾客的怒火慢慢平息,等顾客恢复平静,问题就好解决了。总而言之,只有服务人员控制好自己的情绪,才能有效控制顾客的情绪,以利于问题的最终解决。

知识链接

处理顾客抱怨的"禁句"

顾客来投诉的时候往往心怀不满,负责调解的人员稍有不慎或者用词不当,就很容易使顾客火冒三丈,使问题和矛盾加剧。下面一些语句在处理投诉的过程中应禁止出现:

(1)"这种问题连三岁小孩都知道"——这句话会让顾客觉得受到了极大的侮辱和冒犯,常常激起顾客极大的反感。

(2)"一分钱,一分货"——这句话会伤害顾客的自尊心,会让顾客觉得别人看不起他,认为他只配用廉价的低档货,顾客肯定会进行反击。

(3)"不可能,绝对不会发生这种事"——顾客会想:"你什么意思,在质疑我的智商吗?明明事实就在眼前,难道我在说谎吗?"顾客心中的怒火肯定难以抑制。

(4)"这不关我的事,我只负责卖货"——顾客会觉得你是在用不负责任的态度来对待他,在敷衍搪塞,觉得门店没有信誉,不值得相信。

(5)"这个问题我不清楚"——顾客会觉得这种员工极其不负责,对门店也会失去信赖。

(6)"我绝对没有说过(做过)"——顾客会想:"你什么意思?难道我在无理取闹么?"心里的怒火马上就被点燃了。

(7)"这是本店的规矩"——顾客会想:"你什么意思?店大欺客是吧?那我还非要和你闹清楚!"

(8)"总是会有办法的"——这句话看似得体,但是一出口便会引来更大的麻烦,因为顾客来投诉时急于解决问题,希望的是实际的解决方案而不是"空头支票"和不切实际的"安慰"。

(9)"改天我再和你联系"——顾客会将这看成不负责任的托词、缓兵之计。应该给顾客一个明确的答复,这样一方面代表门店有信心解决问题,另一方面也不会使顾客感觉受到了愚弄。

一句温暖、得体的话,往往可以四两拨千斤,消弭矛盾于无形;一句不合时宜的话,则可能"火上浇油",使问题升级、矛盾加剧。因此在服务过程中,尤其是在处理投诉的过程中,一定要注意语言艺术的运用。

复习题

一、名词解释

顾客服务

理想服务

适当服务

容忍区域

二、简述题

(1)门店服务的特点有哪些?

(2)门店服务设计应考虑哪些因素?

三、案例分析题

关于"晨光酸牛奶中有苍蝇"的顾客投诉处理案例

某日,在某购物广场,顾客服务中心接到一起顾客投诉,投诉的内容大致是:顾客李小姐从我商场购买了晨光酸牛奶后,马上去一家餐馆吃饭,吃完饭李小姐随手拿出酸牛奶让自己的孩子喝,自己则在一边跟朋友聊天,突然听见孩子大叫:"妈妈,这里有苍蝇。"李小姐寻声望去,看见小孩喝的酸牛奶盒里(当时酸奶盒已被孩子用手撕开)有只苍蝇。李小姐当时火冒三丈,带着小孩来商场投诉。

正在这时,有位值班经理走过来说:"你既然说有问题,那就带小孩去医院,有问题我们负责!"顾客听到后,更是火冒三丈,大声喊:"你负责?好,现在我让你去吃10只苍蝇,我带你去医院检查,我来负责好不好?"边说边在商场里大喊大叫,并口口声声说要去"消协"投诉,引来了许多顾客围观。

该购物广场顾客服务中心负责人听到后马上前来处理,赶快让那位值班经理离开,又把顾客请到办公室交谈,一边道歉一边耐心询问了事情的经过。询问重点:①发现苍蝇的地点(确定餐厅卫生情况);②确认当时酸牛奶的盒子是撕开状态而不是只插了吸管的封闭状态;③确认当时是小孩先发现苍蝇的,大人不在场;④询问以前购买的晨光酸牛奶有无相似情况。在了解了情况后,商场方提出了处理建议,但由于顾客对值班经理"有问题去医院检查,我们负责"的话一直耿耿于怀,不愿接受商场的道歉与建议,使交谈僵持了两个多小时之久,依然没有结果,最后商场负责人只好让顾客留下联系电话,提出换个时间与其再进行协商。

第二天,商场负责人给顾客打了电话,告诉顾客,我商场已与"晨光"牛奶公司取得联系,希望能邀请顾客去"晨光"牛奶厂家参观了解(晨光酸牛奶的流水生产线:生产—包装—检验全过程均是在无菌封闭的操作间进行的),并提出,本着对顾客负责的态度,如果顾客要求,我们可以联系相关检验部门对苍蝇的死亡时间进行鉴定与确认。

由于顾客接到电话时已经过了气头,冷静下来了,而且也感觉商场负责人对此事的处理方法很认真严谨,顾客的态度一下子缓和了许多。这时商场又对值班经理说过的话做了道歉,并对当时顾客发现苍蝇的地点(环境不是很干净的小饭店)、时间(大人不在现场,酸奶盒没封闭,已被孩子撕开)等情况做了分析,让顾客知道这一系列情况都说明不能排除是苍蝇落入(而非牛奶本身带有)酸奶中的。

通过商场负责人的不断沟通,顾客终于不再生气了,最后告诉商场负责人:他们其实最生气的是那位值班经理说的话,既然商场对这件事这么重视并认真处理,他们也不会再追究了,而且他们相信苍蝇有可能是小孩喝牛奶时从空中掉进去的。顾客说:"既然你们这么认真地处理这件事,我们也不会再计较,现在就可以把购物小票撕掉,你们放心,我们会说到做到的,不会对这件小事再纠缠了!"

思考题:试结合案例说明应如何处理客户投诉。

本章小结

与有形的商品不同,门店为顾客提供的服务具有四个特点,以及四个方面的作用。门店设计服务项目时应考虑目标顾客的服务期望与承受能力、顾客的经济承受水平、竞争对手状况和服务的成本及经济效益等。门店服务的形式多种多样,本书介绍了十三种较为常见的服务项目。从理论上说,改进服务,就要努力缩小四种差距,使门店的实际服务与顾客期望之间的差距逐渐缩小。在实际的服务改进过程中,可以从五个方面着手。微笑和语言的艺术是门店服务技巧的重要组成部分,尤其是对于巧妙处理顾客的抱怨,有六项基本的原则是需要是遵守的。

第十章

门店团队管理

学习目的与要求

通过本章的学习,了解门店团队的定义、团队的角色以及打造团队凝聚力的方法;掌握门店团队培训体系、培训管理;掌握门店团队员工考核的种类,考核的内容、方法及注意事项;掌握门店团队人员激励的重要途径。

关键词

团队角色　团队凝聚力　培训　考核　激励

导入案例

沃尔玛的团队建设之道

美国沃尔玛公司总裁萨姆·沃尔顿曾说过:"如果你必须将沃尔玛管理体制浓缩成一种思想,那可能就是沟通。因为它是我们成功的真正关键之一。"

沟通就是为了达成共识,而实现沟通的前提就是让所有员工一起面对现实。沃尔玛决心要做的,就是通过信息共享、责任分担来实现良好的沟通交流。

沃尔玛公司总部设在美国阿肯色州本顿维尔市,公司的行政管理人员每周要花费大部分时间飞往各地的商店,通报公司所有业务情况,让所有员工共同掌握沃尔玛公司的业务指标。在任何一个沃尔玛商店里,都定时公布该店的利润、进货、销售和减价的情况,并且不只是向经理及其助理们,也向每个员工、计时工和兼职雇员公布各种信息,鼓励他们取得更好的业绩。

沃尔玛特别重视管理者在团队建设中的核心作用。一个好的领导能够将一支赢弱的队伍变成士气高昂、富有战斗精神的团队,而一个不好的领导则足以摧毁一支威武之师。在沃尔玛有两种领导方式可供选择,即"指南针式"和"地图式"领导方式。针对那些新入门、技能较差、综合能力较低的员工,领导者要施以"地图式"领导方式,要手把手地教会他们技能,非常详细地告诉他们工作目标和要求,经常给予工作支持,否则他们永远到达不了"目的地";而对于那些能力、经验、动力都较高的员工则只需施以"指南针式"领导方式,告诉他们你的期望,给予恰当的鼓励,他们就会像狮子一样冲向阵地。

沃尔玛特别擅长鼓舞员工士气,只要员工有较好的表现,哪怕仅仅是一个天才的想法,管理者都会立刻做出积极的反馈,然后"公开地、大声地"表扬该员工,并号召全体同仁效仿。管理层的这种"以小见大"的认可会极大地鼓励沃尔玛的员工追求卓越,并成为他们长期的工作动力。有时员工犯了错误,管理层会小心地呵护员工"已经受伤"的心灵,尽量避免在公众场合批评他,而是把他叫到没人的角落,帮他分析失误的原因,帮他找到改进工作的方法,减轻他的心理负担,当然最后该处罚还得处罚。以上做法在沃尔玛被称为"大声表扬、小声批评"。在沃尔玛,员工较少获得物质奖励,有员工曾经得过促销比赛第一名,但只奖励了一个10元左右的笔记本,实在无足轻重。可是门店的总经理却用10分钟时间"狠狠地"表扬了该员工的工作精神和方法,并给该员工发了一个奖状,然后又和该员工合影,最后还让他给大伙讲几句,这种"招待"让人很受用。沃尔玛认为"物质激励"很容易把员工引导上"唯利是图"的轨道,结果就破坏了团队的正气,而精神奖励更会使团队积极向上!沃尔玛就是这样"小处着手、大处着眼",不断地积累着员工对企业的满意度。

资料来源:易聪,沃尔玛的团队建设之道,http://hrclub.51job.com/blog/50/48687/archives/2007/2537.html#,2007-7-4 21:32:00。

思考题:什么是团队?门店要获得好的经营业绩需要一支什么样的队伍?

第一节 团队概述

一、团队的定义

团队(Team)是由员工和管理层组成的一个共同体,它合理利用每一个成员的知识和技能协同工作、解决问题,实现共同的目标。管理学家斯蒂芬·P. 罗宾斯认为:团队就是由两个或者两个以上、相互作用、相互依赖的个体,为了特定目标而按照一定规则结合在一起的组织。

根据团队存在的目的和拥有自主权的大小,一般将团队分为三种类型:问题解决型团队、自我管理型团队、多功能型团队。

二、团队角色

一个门店的员工可能来自五湖四海,不同人的脾气、秉性、喜好也可能千差万别,但是大家在一起工作,就组成了一个团队。每个成员在团队中担任的角色所发挥的作用是不同的。作为团队的管理者,应该充分认识团队成员的特点并加以合适的引导,使团队成员的力量形成统一的合力。在认识团队成员角色方面,可借鉴贝尔宾的团队角色理论(见表10-1)。

表10-1 贝尔宾团队角色理论

角色	特点	作用
实干家	1. 典型特征:保守;顺从;务实可靠 2. 积极特性:有组织能力和实践经验;工作勤奋;有自我约束力 3. 能容忍的弱点:缺乏灵活性;对没有把握的主意不感兴趣	1. 把谈话与建议转化为实际步骤 2. 考虑什么是行得通的,什么是行不通的 3. 整理建议,使之与已经取得一致意见的计划和已有的系统相配合
协调员	1. 典型特征:沉着;自信;有控制局面的能力 2. 积极特性:对各种有价值的意见不带偏见地兼容并蓄,看问题比较客观 3. 能容忍的弱点:在智力以及创造力方面并不超常	1. 明确团队的目标和方向 2. 选择需要决策的问题,并明确它们的先后顺序 3. 帮助确定团队中的角色分工、责任和工作界限 4. 总结团队的感受和成就,综合团队的建议
推进者	1. 典型特征:思维敏捷;开朗;主动探索 2. 积极特性:有干劲,随时准备向传统、低效率、自满自足挑战 3. 能容忍的弱点:易激起争端,易冲动,易急躁	1. 寻找和发现团队讨论中可能的方案 2. 使团队内的任务和目标成形 3. 推动团队达成一致意见,并朝向决策行动
智多星	1. 典型特征:有个性;思想深刻;不拘一格 2. 积极特性:才华横溢;富有想象力;智慧;知识面广 3. 能容忍的弱点:高高在上;不重细节;不拘礼仪	1. 提供建议 2. 提出批评并有助于引出相反意见 3. 对已经形成的行动方案提出新的看法
外交家	1. 典型特征:性格外向;热情;好奇;联系广泛;消息灵通 2. 积极特性:有广泛联系人的能力;不断探索新的事物;勇于迎接新的挑战 3. 能容忍的弱点:事过境迁,兴趣马上转移	1. 提出建议,并引入外部信息 2. 接触持有其他观点的个体或群体 3. 参加磋商性质的活动

续表

角色	特点	作用
监督员	1. 典型特征：清醒；理智；谨慎 2. 积极特性：判断力强；分辨力强；讲求实际 3. 能容忍的弱点：缺乏鼓动和激发他人的能力，自己也不容易被别人鼓动和激发	1. 分析问题和情景 2. 对繁杂的材料予以简化，并澄清模糊不清的问题 3. 对他人的判断和作用做出评价
凝聚者	1. 典型特征：擅长人际交往；温和；敏感 2. 积极特性：有适应周围环境以及人的能力；能促进团队的合作 3. 能容忍的弱点：在危急时刻往往优柔寡断	1. 给予他人支持，并帮助别人 2. 打破讨论中的沉默 3. 采取行动扭转或克服团队中的分歧
完美主义者	1. 典型特征：勤奋；有序；认真；有紧迫感 2. 积极特性：理想主义者；追求完美；持之以恒 3. 能容忍的弱点：常常拘泥于细节；容易焦虑，不洒脱	1. 强调任务的目标要求和活动日程表 2. 在方案中寻找并指出错误、遗漏和被忽视的内容 3. 刺激其他人参加活动，并促使团队成员产生时间紧迫的感觉

三、打造团队凝聚力

要想打造凝聚力较强的团队，应从以下四个方面着手：

（1）信任。信任是团队凝聚力的核心。团队成员尤其是团队领导者，首先要学会相信团队成员。建立信任关系的基础，首先是信任别人，其次要努力提升自己的可信度，让别人觉得你是可以信赖的。

（2）沟通。凝聚力与沟通紧密相关，越沟通越有凝聚力。团队成员之间除了工作上的正式沟通，还应重视非正式沟通，例如团队成员之间经常聚餐、组织活动，就是增进非正式沟通、提高团队凝聚力的好机会。

（3）分享。分享可以增强团队凝聚力，有一点胜利、一点喜悦、一点成果，都可以与团队成员分享一下。著名的服务品牌"海底捞"就十分重视员工分享文化的建立，其门店的服务人员每天都会在一起分享服务顾客的感受、想法、经验和教训，这样不仅有利于提高员工的服务技能和水平，也增进了员工的感情联系，增强了团队凝聚力。

(4)团队文化。一个团队要想成熟、规范、高效,一定要有自己的团队文化。团队文化是在信任、沟通、分享的基础之上逐渐形成的。

第二节 门店团队人员培训

一、培训体系

经由严格的人才招募,筛选出具备一定水平和素质的员工,接下来的工作就是对其进行培养教育。

培训用于帮助新老员工更好地完成工作,并提高员工的能力和工作绩效。为了保证培训的有效性,应该先制订明确的培训计划。

(一)培训的目的

培训的目的是整个培训的基础,是培训工作的起点,也是最终检验培训效果的唯一标准。培训目标不同,培训的内容也就不同,继而培训的形式和方法也会不同。如果培训目的达到了,那么就是一次成功的培训;如果培训的目标没有达成,即使内容再丰富、方法再先进、员工热情再高,也很难称之为一次成功的培训。

(二)培训的内容

培训的目的决定了培训的内容。常见的培训目的、内容如表10-2所示。

表10-2 常见的培训目的及内容

培训对象	培训目的	培训内容
新进员工	1. 认识环境:让新进人员熟悉工作环境,消除初到陌生环境的焦虑感,了解公司、门店的文化、经营理念、组织结构、规章制度等,认识工作中的同事 2. 学习掌握工作所需的基本知识、技能,以适应工作岗位的要求	1. 企业文化、经营理念、组织结构等 2. 公司规章制度、岗位职责 3. 人际关系技能:认识伙伴,学习组织中人际关系的建立、维系与增进 4. 工作技能:收银机、标价机等设备的操作、维护、简单故障排除等;商品陈列与补货技巧;基本报表、报告的填写、撰写;安全防范与紧急事件处理等

续表

培训对象	培训目的	培训内容
店长或经理（门店高层）	1. 提升管理能力,成为一店的经营者,能通过有效的管理来实现门店发展目标,实现利润最大化 2. 掌握日常工作中常用的设备、知识、技能、工作方法	1. 基本工作职责 2. 管理能力:如领导、激励、团队沟通、目标管理、时间管理 3. 专业知识与技能:财务知识、人力资源知识与技能、经营分析、市场营销知识与技能、信息情报搜集、危机处理等
中层督导	成为高层与各个部门之间称职的沟通协调者,具有专业知识技能,同时具备一定的管理能力	1. 基本工作职责 2. 管理才能:如团队管理、组织沟通与人际关系、问题分析与解决、时间管理 3. 专业技能:生鲜品管理、存货管理、经营性指标的建立与运用、谈判技巧等
基层员工	提高工作技能和工作效率	1. 专业知识培训:商品知识、POP 书写规范、生鲜品管理知识、安全知识等 2. 业务技能培训:盘点及分析、收银机管理等

(三) 培训的方法和形式

在确定了培训目的和培训内容之后,应选择合适的培训方法。好的培训形式和方法能够有效提高培训的成效。

常用的培训方法和特点如表 10-3 所示。

表 10-3　常用的培训方法和特点

培训方法	特点
课堂讲授	接近实际、内容连续;可利用领域内的职业教育人员或专家;被培训者不能积极参与
演示	利于演示设备或销售技巧;能展示培训各个方面的事宜;被培训者可更多地参与
录像	气氛较活跃;利于演示;可多次使用;缺乏与被培训者的互动
项目指导	以固定的方式提供信息;要求被培训者做出反应,能提供行为反馈;可根据被培训者的进度做出调整;初始投资大
会议	适用于管理培训;会议领导人必须鼓励参与;目的性强
敏感性训练	深入地相互影响;对管理人员了解员工十分有用

续表

培训方法	特点
案例研究	提出现实或假设的问题,包括环境、有关信息和疑问;在实践中学习;面对大量互补、相同的问题
角色扮演	模拟真实环境,被培训者参与其中,积极性高,便于发现实际工作中存在的问题
行为模式训练	被培训者对录像或角色扮演课程中的行为模式进行模仿
技能指导	被培训者以自定进度的方式完成一系列的任务或练习

实践中应综合运用各种方法,以避免培训的乏味,并提高培训的质量。

(四)培训的时间安排

培训的时间安排可以相对灵活,可以将培训安排在正常上班时间,也可以安排在业余时间。但是,安排在业余时间的培训时间不宜过长,频度不宜过高,否则容易引起员工的反感。

单次培训的时间一般控制在1小时之内,最长不应超过2小时,因为人集中精力的时间是有限的,时间过长容易疲劳,影响培训效果。如果要组织时间较长的集中培训,应每隔一段时间休息一次。

(五)培训的地点

如果选在公司或门店内部培训,则应事先做好场地安排,并准备好演示设备、音响设备和培训中需要运用的道具。

若安排在其他地方进行培训,则各项安排应尽量做到周全、细致,为参训人员提供相应的便利条件。

(六)培训的人员安排

应事先明确通知每一位参与培训的人员,以确保相关人员能够按时参加相关的培训。

(七)培训的效果评估

广义上的培训评估是指对培训项目、培训过程和效果进行评价。培训后评估是对培训的最终效果进行评价,是培训评估中最为重要的部分。培训效果评估的目的在于使企业或门店管理者能够明确培训项目选择的优劣,了解培训预期目标的实现程度,为后期培训计划、培训项目的制订与实施等提供有益的帮助。

培训效果评估的主要内容由低到高分为四级:

1. 反应评估

反应评估是第一级评估,即在课程刚结束的时候,了解学员对培训项目的主观感觉和满意程度。一般采用调查问卷、主观打分等方式进行。

2. 学习评估

主要是评价参加培训者对所学知识的掌握程度,常用评估方式有书面测评、口头测试及实际操作测试等。

3. 行为评估

评估学员在工作中的行为方式有多大程度的改变。常用的评估方式有观察法、主管评价法、客户评价法、同事评价法等。

4. 结果评估

结果评估是第四级评估,其目标着眼于培训所带来的业务改进状况。最为重要的是评估培训对实际经营绩效所起的作用。

一般而言,反应评估和学习评估相对简单、直接,一般在培训后可当场进行评估。行为评估和结果评估则相对困难,需要设置对比实验,并进行长时间的数据积累和分析,才能得出科学可靠的结论。

(八)其他培训相关问题

其他问题还包括如培训的经费来源、对培训相关人员的激励与考核、培训资料档案的保管等。这些问题一般总公司会有统一的制度设计与安排,门店的主要职责在于认真贯彻、落实总公司的相关政策。但是解决这些问题是门店有效实施培训的制度基础,执行不好会带来很大的负面影响。例如:不解决经费来源问题,则培训难以实际开展;不解决人员考核与激励的问题,则人员参与培训的动力不足,培训的效果就可能打折扣;培训的相关资料准备不充分,则可能提高门店培训的成本,造成相同培训重复进行的局面。

二、培训管理

培训有助于推广先进的服务理念和企业文化,提高员工的知识和技能水平,进而提高员工的实际工作绩效,最终实现企业效益的提升。企业应该充分重视培训对于门店经营的重要性,持续不断地推进培训工作,使门店培训工作形成 PDCA 循环。

PDCA 循环是能使任何一项活动有效进行的一种合乎逻辑的工作程序,特别是在质量管理中得到了广泛的应用并获得了经济成效。P、D、C、A 四个英文字母所代表的意义如下:①P(Plan)——计划,包括方针和目标的确定以及活动计划的制订。②D(Do)——执行,执行就是具体运作,实现计划中的内容。③C(Check)——检查,就是总结执行计划的结果,分清哪些对了、哪些错了,明确效果,找出问题。④A(Action)——处理,对检查的结果进行处理、认可或否定。成功的经验要加以肯定,或者模式化,或者标准化,以适当推广;失败的教训要加以总结,以免再犯。这一轮未解决的问题可放到下一个 PDCA 循环中继续解决。

培训工作 PDCA 循环如图 10.1 所示。

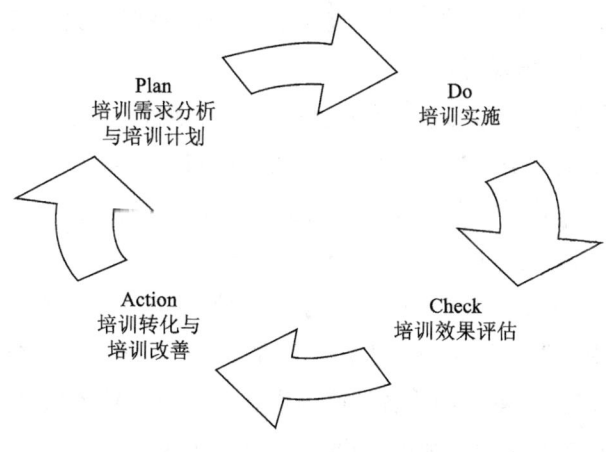

图 10.1 培训工作 PDCA 循环图

运用 PDCA 循环管理门店培训工作,将使企业培训工作系统化、长期化、科学化,可以有效提高企业或门店培训工作的实际效果。

第三节　门店团队人员考核

一、员工考核的种类

从不同的角度进行区分,员工考核可分为以下不同的类型:

(一)主管考核、自我考核和相互考核

(1)主管考核,顾名思义,就是员工的直接主管上级对员工的工作表现进行考核。主管考核是最常用的考核方式。考核的主体是主管领导,被考核人心理上没什么压力。而且,一般而言直接领导最熟悉下属的工作情况,有利于得出较为准确的评价。但是,直接主管领导考核往往受领导主观因素的影响,因此会产生一定的偏差。比如有的员工平时工作一般,但是在领导面前表现突出,领导在考核中可能由于"固有印象"而给被考核者较高的分数,与实际情况出现偏差。

(2)自我考核,即被考核人对自己的工作表现进行反省和评估。这种考核方式的考核主体是被考核者本人,考核的范围、内容相对较公开、透明,对员工能产生较强的激励作用(因为员工感觉自己是被信任的)。这种方式在国外应用较多,但在我国由于种种原因,收效不大。

(3)相互考核,即同事之间互相考核,常见的有360度测评。这种考核体现了考核中的群众性和民主作风。但是,由于考核主体是被考核者的领导、同事、下属等,可能会因为各种原因出现偏差而导致考核失实。同时,这种考核实际执行起来较为烦琐,需要从多方面搜集信息,考核的成本相对较高。通常情况下,这种方式宜慎用。

(二)短期考核、长期考核和临时性考核

(1)短期考核所用时间较短,常用的如周考核、月度考核、季度考核等,一般考核周期最长不超过6个月。短期考核一般关注短期行为和目标。

(2)长期考核的周期一般在半年以上,常用的有半年度考核、年度考核、项目节点考核。长期考核关注的是长期目标的实现。

(3)临时性考核是指对偶发性的重大事件、计划外事件进行的考核。比

如针对平时表现特别突出、作出重大贡献的个人进行的特别考核等。

一般来说,短期考核与长期考核应结合进行,两者在指标设计上既有联系又有区别。

(三)定性考核与定量考核

(1)定性考核即用划分等级或精练的评语来评价员工的工作表现的方法。如:列述考核的基本内容,每一项都用卓越、优秀、良好、中、差这类等级标准进行评定,然后综合各项因素,得到一个总的评价结果。

(2)定量考核即在确定考核指标的评定项目和得分标准后,对每一项规定不同的加减分标准,最后通过累计各项得分求得总分。定量考核的方法比较适合工作目标明确、标准清晰且工作成果能较好量化的工作岗位。

在难以量化或者工作本身比较复杂、难以观察的情况下,采用定性考核较多。定量考核有助于消除主观因素对考核的影响,但是在标准制订和数据获取方面需要一定的投入。日常工作中,应该将定性考核和定量考核结合起来运用。

二、考核的内容、方法及注意事项

(一)考核的内容

企业、门店的具体情况不同,考核的内容也千差万别。但是总体来说,可从"德、能、勤、绩"四个方面进行考核,设置相应的考核指标。"德"具体包括个人品德、职业道德和工作作风;"能"主要是指人的能力,包括知识能力和学识水平,也包括实际工作能力;"勤"主要是指工作态度,包括工作的积极性、主动性、创造性和纪律性等方面,是对其工作努力程度的综合反映;"绩"是指工作成绩,即实际的工作绩效。

员工的工作表现应该是"德、能、勤、绩"四个方面的综合体现。在实际工作中,"绩"是最重要、最核心的考核指标,品德再高、能力再强、付出再多,实际的工作目标没有达成,工作成果没有实现,意义也不大。但是,"绩"能反映工作的大部分方面,却不能代表工作的全部。单纯地只看工作成绩,忽视事物的多样性和人的复杂性,也不利于企业和员工的长期发展。例如:对于一个新开张的门店来说,其开拓市场、吸引顾客需要一定的过渡期,此时其投入是大于产出的,如果由此就简单地认为新开门店的员工变现不佳而给予差别对待,则很明显是不公平的。对于成熟门店,利润率是很好的考核指标,但对于新开门店,在考核利润率之外,还应综合考察其他方面的因素,才能得出比较客观、准确的评价。

一般来说,连锁经营企业的业绩可从以下方面进行考核:①销售额;②利润;③成本费用控制;④服务和网点增加;⑤市场占有率;⑥顾客满意度等。

考核的对象不同,考核的重点也不完全相同。对于高层管理者来说,并不要求他们掌握过多的实际操作本领,而应当具备很强的经营管理方面的能力,考核时这方面是重点。层级越高,责任越大,中高层的考核应该更多地与门店的经营业绩指标挂钩。对于一般员工来说,一些实际操作技能是他们必备的,所以考核时要注重这方面。同时,基层员工对门店业绩的直接影响相对较小,因此业绩指标分到员工头上的应该少一些,其他方面的指标如能力、态度指标权重可以相对大一些。

(二)考核的方法

连锁门店在对员工进行考核时,可采用的方法很多,简单列举如下:

(1)个人评定法。凭领导的个人判断来评定下属员工的一种考核方法。该方法简单易行,操作简单,但考核缺乏客观性,公平合理性易受到质疑。

(2)要素评价法。在考核前对待考核的内容进行分析,提取若干个要素,组成考核体系,作为对被考核人的考核指标。考核时对被考核人予以逐项评定,最终决定优劣。

(3)考试评议法。将考试和评议结合在一起进行人事考核的方法。考试主要用于检查人员的文化、专业理论和技术知识水平。评议就是采用多种形式征求有关人员对被考核者的看法。两者结合,经分析讨论,最终做出评价。这种方法经常用于人员选拔。

(4)自我鉴定法。被考核人对工作进行自我总结,对自己的水平、思想品质及工作情况做出评价。作为这种方法的改进,自评常常与领导评价、他人评价结合起来使用。

(5)人员素质测评。作为一门专门技术,具有相对的独立性,有其特定的含义,其中所涉及的最基本的概念有"人员""素质"和"测评"。在人员选拔中常采用素质测评。

(6)目标计划管理法。即由管理者和员工在期初共同制订考评期内需要实现的工作目标以及绩效考核的办法,评价期间监督者或员工根据环境变化可修改或调整目标,考核期末由管理者和员工共同确定目标是否实现并讨论成败原因。在工作环境变化较大、需要较多的自主决策和授权的情况下,宜采用目标管理法并按照工作计划完成情况进行考核。

其他考核办法还有关键事件法、排序法、360度评价法等考核方法。

(三)考核实施的注意事项

(1)考核的根本目的是对人员进行有效的区分。不能为了考核而考核,如果不能识别出对企业有利的人和行为、发现企业中存在的问题,那么考核就失去了意义。

(2)考核应与激励、约束配合使用。应以考核为基础,对优秀员工予以奖励,对考评不佳的员工制订改进计划并进行相应惩处,从而在组织或团队内部形成优胜劣汰、良性竞争的环境,进而实现团队的整体目标。

(3)考核的内容必须依据企业的实际情况做出调整,如企业的环境变了、战略目标变了、发展阶段变了等,都需要重新设计考核内容。但总体来看,考核应以达成企业战略目标为中心。

(4)考核的周期应根据实际情况进行合理调整。一般而言,考核的周期过长,则难以及时反映工作的状况,不利于发现问题并及时调整,对员工的刺激性也会降低。考核周期过短,频率过高,则可能提高考核的成本。同时,考核的内容不同、被考核的对象不同,考核周期也应有所区别。对于非常规性、变动较大的工作的考核周期应该较长,对高层领导的考核周期应略长(一方面因为短期可变因素多,无法有效衡量中高层的工作;另一方面也是出于预防领导短期行为的考虑)。

第四节 门店团队人员激励

要想很好地进行团队激励,应从软性(精神、情感)激励和硬性(物质)激励两方面着手,双管齐下、互相结合并灵活运用,方可收到较好的效果。

一、明确目标，提高和保持团队人员士气

管理者要为员工指定明确的目标，该目标应该是员工通过努力能够达到的，且员工完成目标后能够获得他们认为满意的报酬和奖励。团队的每个成员可以有不同的目的、不同的个性，但作为一个整体，必须有共同的奋斗目标。共同的目标才可以将大家的力量凝聚在一起。

在明确团队目标的前提下，管理者应该注意运用各种手段和措施提高和保持团队员工士气。一般常用的方法有：①运用门店集体会议提高士气，如很多公司利用每天开店前的晨会来激励和保持员工士气；②利用多样化的福利和情感关怀来提高员工士气，帮助员工协调他们的工作和非工作任务，如弹性工作制、工作共享等方法，弹性工作制是允许员工选择自己的工作时间，工作共享是两名员工可以自愿负责由一人承担的工作。

在商业实践中，激励员工士气的方式还有很多，如理想激励、榜样激励、培训激励、文化激励等。

二、营造积极向上的团队文化

组织文化是团队能否成功的关键因素之一。优秀团队的一个很大特点是信任：一是团队成员间相互的高度信任，即团队成员必须彼此相信各自的正直、个性特点、工作能力；二是管理者对团队成员的信任，主要表现为组织过程中的透明度和公开性。

管理者必须致力于创造一种建设性的、开放性的组织文化。一方面，这种文化能鼓励和支持团队成员积极开发自身技能，帮助其建立勇于创新、承担风险的自信心。另一方面，这种文化氛围能使管理者接受来自基层对上级管理者制定的战略方案、管理模式的种种质疑，允许团队成员工作中的失败，进而最大限度地释放团队成员的创造性潜能。

三、用好物质奖励，实现薪酬激励的指挥棒作用

从物质激励来看，主要是要发挥好薪酬的激励作用。薪酬应该发挥出

无形指挥棒的作用,通过薪酬和物质奖励传达出企业的价值取向,使员工明白哪些是企业鼓励的行为,哪些是企业禁止或不支持的行为,从而自发地调整自身行为,与企业保持同步。

企业应该着力提供明确的、富有激励性的薪酬方案。企业可以采用一种或多种报酬方案,如直接工资制、直接提成制、工资加提成制、工资加定额奖金制等。实践中对连锁门店销售人员常采用工资加销售提成的方式,如一名销售人员每月基本工资1 800元,每月销售额超过10万元的部分,提成1%,这是比较典型的工资加销售提成的激励方式。

在做好对员工个人激励的同时,也应做好集体激励。如某销售人员和其所在团队或部门都超额完成销售任务时,该门店人员除了能够获得自己的提成外,还能获得公司对所在团队或部门的超额奖励。这种方式可以激励员工之间相互合作,以更好实现团队或部门整体目标。

四、做好职业发展计划,给员工发展希望

随着社会的发展,"80后""90后"逐渐成为社会的主力军,其思想和行为模式较之他们的父辈发生了很大的变化。新一代的劳动者相对更加自我,更加重视自我的满足感。因此,物质激励虽然还很重要,但是已经不能解决激励的全部问题。

根据对人力资源市场的相关调查研究,除薪酬之外,企业员工最重视的就是个人发展的问题。因此,建立合理的职业发展通道,完善企业的晋升机制,成为企业对员工进行激励的重要举措。从广义上看,晋升兼具物质和精神的双重激励作用。

要做好员工的职业发展计划,应着重于三个方面:

(1)建立明确的职业发展晋升路径。作为团队管理者,应该明确告知团队成员他们付出努力能够得到什么,付出与努力之间的关系。管理者应该在与员工充分沟通的基础上,根据员工的特性,制订其提升和发展的计划,指明员工未来努力和发展的方向。

(2)建立明确的发展和晋升规则。"不以规矩,不成方圆",只有制订公平合理的游戏规则(达到什么条件可获得进一步的发展),才能真正激发出员工的积极性。

（3）确保晋升程序的公开、透明、合理。良好的晋升机制有利于消除员工的不公平感，提高员工的满意度。

复习题

一、名词解释

团队

二、简述题

(1) 如何打造团队凝聚力？

(2) 如何建立培训体系？

(3) 常见的考核方法有哪些？

(4) 考核的注意事项有哪些？

三、案例分析题

麦当劳如何激励员工

1. 永远向上的高枝——员工激励

一般企业的人才结构都像金字塔，越往上越小。而麦当劳的人才体系则像圣诞树——只要你有足够的能力，就让你上升一层，成为一个分枝，再上去又成一个分枝，员工永远有升迁机会，因为麦当劳是连锁经营，培训可以让员工得到更快的发展。

2. 付出总有回报

麦当劳公司认为，勤奋的员工是公司最宝贵的财富。确实，麦当劳的员工表现出来的主动性和积极性是令人惊讶的。他们当中的大多数人总想在麦当劳多学点东西。许多服务员往往会提前上班、推迟下班，连节假日也要特地到餐厅去走一走。而按照公司的规定，除非是加班工作，这种活动都是不付给工薪的。

那么，是什么原因让新服务员自觉地多做这些工作呢？答案很简单。在麦当劳里，人们有一个普遍的信念：只要付出了努力，必能获得相应的地位和报酬。

（1）公开化的职位与酬劳。

一走进麦当劳餐厅后面的办公室，首先映入人们眼帘的是一张宽1公尺、高70公分的大布告板。布告板上方写着"新观念"三个大字。这个布告板经常成为计时工作人员的话题。布告板的左侧是"职位和工资",写着餐厅所有工作人员的姓名和职位。职位分为 A 级组长(ASW)、组长(SW)、接待员(STAR)、见习员(TN)等,还用英文字母 A、B、C 代表计时工作人员的等级。

在工资栏上,通常使用的记载方法是以 C 级为基准。组长的工资是 C 级的 1.25 倍,A 级组长是 C 级的 1.5 倍,而且一年可以分得两次红利。这种把地位和工资公开化和透明化的做法能够让每个计时工作人员逐步体会到,上司和他们的同伴之间不可能有私下交易,大家的眼睛都是雪亮的,只要努力工作,必然可以获得相应的地位和报酬。

(2)不受限制的晋升。

麦当劳的环境能够让每个服务员始终牢记公司理念。服务员一走进休息室,首先映入眼帘的是一块"观念交流园地"公告栏,上面记载着餐厅内所有工作人员的姓名、职级。

在"训练进度表"上还记载有每个服务员的进店日期以及他们所学习的教材和学习的进度。此外,服务员的帽子颜色、制服形式、名牌的用途和形状、参加会议的名单、营业时分配的位置、安排工作时间的长短、计时卡摆放的位置等,都代表着服务员在餐厅中的身份和地位,都让服务员时刻记住,在麦当劳这个世界里,只要你努力向上,在技术和服务能力上取得了进步,必定能够获得相当的满足感和成就感。

更为重要的是,在麦当劳工作的计时员工也有可能当上经理。一般企业虽然也用职位提升的方法来刺激计时工作人员的积极性,但到了某个职位便"到此为止"了。

但是,麦当劳餐厅没有这个限制。麦当劳规定计时工作人员"凡有 3 个月以上工作经验者皆可为经理级的组长,不受年龄和性别的限制。"

公司的简报上也有同样的说法:"麦当劳公司机会之多,绝不亚于其他任何企业。"麦当劳公司也提供了培养这个机会的园地。"使用你的自主性,发挥你的实力吧!"这些话既适用于正式职工,也适用于计时工作人员,从而使他们的能力得以最大限度的发挥。

有了这种信念以后,这些新服务员会认识到,在取得相应的地位和报酬之前,最重要的事情是善于有计划地学习,提高服务和工作的技术水平。

(3)"多头评价"制度。

根据业绩提升职位和增加工薪是重要的刺激因素。尽管所有的餐厅都会这样做,但麦当劳的业绩考核制度是独特的。

麦当劳餐厅每个月进行一次考核。考核表上分为质量、服务、清洁、劳务管理、训练、书面作业、自我管理、仪容等八项,每项均有一个评分。在表格的下端是意见栏,分为四项:对下属的影响力、对顾客和管理以及对店面的影响力、提案、总评估。

麦当劳建立了独特的业绩评估制度,凡是在加薪或升级的时候,必须经过以下的程序:自我推荐、公开评价、预先设定目标、事后晤谈、定期评价。

虽然业绩评价的实质性人物是餐厅的中心经理,但麦当劳实行的是"多头评价"制度,即作为管理组成员的计时经理和组长等都参加评价。

中心经理一般是在每月的 25 日填写考核表之前征求意见。公布考核结果以后要进行个别谈话。这种做法使服务人员感到自己受到了关心,因而被激发了工作热情,愿意为获得下一次更佳的评价而努力,这本身就是在激励工作人员向下一个位置挑战。

3. 激励方式

在对员工的激励方面,麦当劳通过春游、职业发展、抽奖、聚会、带薪休假(兼职员工每年工作超过 1 440 小时会获得一周假期)、竞赛、轮换等方式对员工进行激励。因此,即使在很严格的工作标准下,员工依然充满活力。

(1)积分奖励。

麦当劳的激励机制运用得很充分,每天都会按照具体情况为每个不同岗位的人制定目标,一旦实现目标,就可以得到公司内部的积分奖励。举例来说,每隔一段时间麦当劳都会推出新活动以利于促销。

麦当劳规定,根据卖出促销产品的数量,前台服务员下班以后可以按照管理组制定的目标拿到相应的奖券。假如一共卖了 25 套促销的套餐,就可以得到 5 元奖券,35 套可以得到 10 元,依此递增,全部积攒下来到月底或年底可兑换成相应价钱的奖品。

员工内部的奖品有手表、雨伞、手电、腰包等,这就需要员工每天都尽力做到最好,得到尽量多的奖券。这种积分奖励方法,在麦当劳内部营造了比较好、比较持久的竞争气氛。

（2）最佳员工评选。

细心的顾客进入麦当劳餐厅，会发现在墙壁上有一个专栏，上面写着"当月最佳员工"，还有照片和名字。这是麦当劳对优秀员工的一种奖励方式，鼓励大家向优秀者学习。

麦当劳的"最佳员工评选标准"如下：①100%的顾客满意度；②良好的工作适应性；③极高的工作标准；④良好的团体合作精神。

依照这些标准，麦当劳每个月都会评选出"最佳员工"并将照片和"标准"贴在一起。这不但鼓励了优秀者再接再厉，也激励着其他员工的工作积极性。

思考题：结合案例，请谈谈如何才能实现对人员的有效管理和激励。

本章小结

本章首先介绍了团队的三种类型、团队角色的不同特点和作用，并分析了增强团队凝聚力的方法。其次分析了常见的培训目的及内容、常用的培训方法和特点，以及培训工作的 PDCA 循环管理。再次介绍了员工考核的三种分类，以及考核的内容、方法及注意事项。最后分析了四条激励员工的途径：明确目标，提高和保持团队人员士气；营造积极向上的团队文化；用好物质奖励，实现薪酬激励的"指挥棒"作用；做好职业发展计划，给员工发展希望。

第十一章

门店经营绩效分析

学习目的与要求

通过本章的学习,掌握门店经营绩效分析的三大依据;掌握门店经营绩效分析的常用指标、常用分析方法及分析思路。

关键词

经营绩效 销售报表 财务报表 收益性指标 效率性指标 发展性指标

第十一章 门店经营绩效分析

| 导入案例 |

销售不能靠感觉

销售的效果如何不能只凭感觉来确定,必须通过数据分析来验证。

在某个企业的报表中,发现某个大类的促销额占比50%以上,同时它的毛利亏损20%,通过数字可以分析出某些商品可能促销力度太大,导致了报表数据异常。结果一查数据,果然某些商品正在大力促销,促销差价达到了50%。进一步分析发现,由于这些商品的促销已经大大地影响到了其他同类商品的销售,结果销售额全部集中到了这几种商品上。这样的商品销售越多,毛利亏损就越多。另外,通过分析这类商品的客篮品种,发现这些商品的同篮商品没有规律性,并且数量也没有大的增长。因此,可以断定这类商品的促销不但无益于其他商品销售的增长,而且影响了其他商品的销售。当信息部经理把这个情况告知采购部经理的时候,采购部经理说这些商品是换季打折商品,而且由厂方贴补促销差价。这就是采购部的正当理由。

现在让我们来看看不支持这种解释的理由。为了处理这家厂商过季商品,商场牺牲了其他同类商品,其余的商品成了衬托这些换季商品的摆设。如果这种促销可以带动其他商品的销售,也还说得过去,但是它并没有为其他商品带来客流量。如果这是鞋子的话,连一双袜子和鞋油的销售都没有带动。结果这些商品的促销只是满足了贪便宜的顾客和想要挽回损失的厂商,却使应季商品的正常销售受到换季商品的影响,难道这会提升门店的形象吗?即使商场卖不掉这些商品,也没有多大损失,商场完全可以捆绑其他东西进行销售。例如:如果是鞋子,可以捆绑袜子或鞋油,反正卖不掉不是商场的损失,卖掉了还可以带动其他商品的销售。

在这种情况下,如何进行判断呢?如果企业老总能够认真分析供应商补差的毛利和同类商品由此损失的毛利,多问几个为什么,也许问题就可以得到有效的解决。

一般而言,不是企业没有信息数据,而是管理者没有重视信息数据。有报表不等于有分析,有分析不代表能得到有效执行。只有认真进行企业经营绩效分析并持续改进,才能真正在激烈的市场竞争中发展壮大。

资料来源:钱坤,如何将数据分析转化为企业的决策 CIO 时代网,http://www.ciotimes.com/itgov/itzhzl/itgov200903310925.html,2009 - 03 - 31 09:11:43。

思考题: 如何利用数据来评价门店经营的好与坏?

第一节 门店经营绩效分析的依据

一、信息搜集

绩效评估是指实际的经营成果与目标基准或前期实绩的比较,也就是说主要评估的是其实现程度。绩效评估包括信息收集、建立评估指标、确定评估方法、实施考核等一系列工作。店长管理门店的基本方法是"走走看看",但是在"走走看看"以后必须有数据分析,有了数据分析、评估指标与持续的考核和奖惩,才有绩效管理。所以,绩效管理的基础是数据和信息的收集。

信息主要包括内部信息和外部信息两个方面。已建立并完善电脑系统的连锁公司,其内部信息可由电脑系统提供,不但资料详细而且速度快、效率高。未建立电脑系统的公司,其信息则须由收银机及通过各项人工记载资料提供,不但资料粗略,且速度慢、效率低。但必须注意的问题是:第一,一个公司实际上有两个系统,首先是人的系统,这是业务系统,也是基础系统,其次才是电脑系统;第二,公司在不同的发展阶段,电脑系统的应用水平会有很大的差异,只有人的系统、业务系统与电脑系统动态地相适应,才能实现高绩效的经营。

内部信息,按照时间可分为日、月、季、半年、年等资料。

(1)日资料。主要包括部门、时段的销售资料,来客数及客单价资料(含当天及累计),部门销售额及构成比资料(含当天及累计)。

(2)月资料。主要包括来客数及客单价资料、部门销售额及构成比资料、科目费用资料、部门销售额、毛利额、毛利率及库存额资料、损益表、资产负债表、效率指标等。

季、半年、年资料等则由月资料综合而成。

上述各项资料如果按功能区分,则含有销售、费用、利益、效率等信息。例如:销售方面包括来客数及客单价资料、部门和时段销售资料、部门销售额及构成比资料、商品销售量、销售额及库存资料等。

外部信息,依加工程度可分为初级资料与次级资料。次级资料从上市公司公告、报纸杂志、书籍中获得,也可通过设备或商品供应厂商获得同业资料,属于第二手资料。初级资料是第一手资料,一般是通过市场调查直接从数据源获得信息资料,如自行开展市场调研、委托学术机构和专业的咨询公司调查,或举办消费者座谈会等。

利用信息资料必须注意五个基本问题:一是要加强基础工作,即主档维护,如供应商、门店、商品、价格等方面的属性与原始信息必须健全并符合分析的要求,否则就难以有效地利用数据进行分析。二是门店的进、销、存数据必须做到单品,并实行进价核算,门店的不规范操作是造成数据不准确的重要原因,店长应该在保证规范操作方面发挥作用。三是对原始数据资料应该做必要的修正,因为在中国市场有许多不确定性因素会导致销售出现大起大落的情况,如果对这些情况不加以修正就没有可比性。四是要抓住重点的信息资料,这就需要做好以下工作:第一,需要有一个基本的评估指标,如某一个中类或小类的占比与毛利的平均水平怎样,心中有一杆秤才能跟踪对比;第二,要从数据分析中发现问题与规律,这就需要建立一支专业的分析队伍,为业务部门提供改进的机会;第三,必须有一个具有统一协调功能的部门来推动业务,改进工作;第四,所有的部门包括门店不可以使用"还可以""差不多""大概""好像"等非数字化的工作语言,养成用数据与事实说话的习惯。五是信息资料的收集必须有类目架构,并且固定样本,长期跟踪,然后进行对比分析,比如选择几家竞争店,对特定类别的商品进行长期的跟踪对比分析。

二、销售报表

在门店管理中,我们使用最频繁,也是最直接可以看出整个门店经营情况的报表就是销售报表。销售报表根据时间长短可以有日销售报表、月销售报表、季销售报表和年销售报表。基于销售报表还能生成进销存报表、销售分析报表、库存周转报表、POS报表等。"销售日报表"就是最常用的工具,店长的管理很大程度上是基于销售日报表的管理。下面是"销售日报表"的应用。

健全的"销售日报表",对店长而言,是作为自我管理的工具,并就经营中所遇到的问题以表格形式向督导员或公司营运部寻求支援;对督导员而言,可作为考核门店实际经营活动状况的一种工具,对所管辖门店的销售效率做出分析,并对销售过程和结果以及店长的工作效率进行评估、改正。

(一)销售日报表的功能

店长为了完成公司下达的销售任务,必须及时掌握市场动态信息及门店动态信息等,而这些均可以通过"销售日报表"上所记录的数据或通过对销售日报表的管理获得。也就是说,"销售日报表"应具备下列功能:

(1)可以有效搜集市场信息;

(2)可以有组织地搜集竞争对手的信息;

(3)可以用来作为管理员工活动的一部分;

(4)可以对目标达成程度进行评估;

(5)可以作为销售效率分析的资料,也可以用来作为销售统计的资料;

(6)可以作为自我管理和约束的工具;

(7)可以记录各项活动,作为督导员对门店活动评估、改进的依据。

(二)"销售日报表"应具备的基本条件

通常,销售日报表应具备以下基本条件:

(1)可以充分获得所需要的信息,缺乏信息的销售日报表,即使花费很多的时间去填写,也没有什么价值和意义;

(2)必须能够客观反映门店的经营活动以及随时反映销售业绩的变化;

(3)必须能够客观反映竞争者和市场状况以及重点客户情况;

(4)必须便于填写,如果需要花费很多的时间去思考,将会失去销售日报表本身的意义;

(5)销售日报表必须便于处理,以作为以后的统计资料并易于分析;

(6)销售日报表必须标准化、表格化;

(7)必须便于与过去的报告相比较;

(8)必须可作为门店店长反省的工具。

销售日报表反映了日常销售工作的动态、进度,便于及早发现销售活动中出现的异常现象及问题,可以立即解决。也就是说,其主要目的就是要重视目标与实绩之间的关系,通过对销售过程的追踪与监控,确保销售目标的实现。

(三)销售日报表具体项目

销售日报表具体项目包括:

(1)当日工作计划。

(2)出勤和考勤。

(3)统计日销售数据,包括商场日销售量、库存量等数据(随时反映销售业绩的变化)。

(4)销售数据分析,内容包括:①销售状态分析:是否增长、正常、下滑、落后于竞争对手;②销售进展情况:月销售计划的完成进展程度。

(5)对商品物流管理进行分析,控制商品的流向、流量、流速,使库存量健康、合理,加快老产品、积压品的消化,避免断货或品种不全、商品积压。

(6)及时掌握新产品的销售效果、产品质量、供应商送货是否及时、积压滞销品是否需要调换、售后服务问题等。

(7)售后服务(包括顾客抱怨、产品退货等资料)。

(8)竞争对手的最新动态,包括销售情况、价格变化、新产品、销售政策、广告投入及促销活动等。

(9)公司的最新精神。

(10)完成公司临时布置的任务。

(11)突发事件的处理。

(12)当天工作小结以及制订次日工作计划。

以上是销售日报表,可将一个月的日报表累计生成一张销售月报表,进而对整个月的销售进行分析,结合当时的季节或节日,分析各种商品或各类商品的销售情况,来对商品进行调整以及预测商品在未来的销售趋势,实现门店销售额的提高。

三、财务报表

财务报表是反映经营状况、资产状况与财务成果的重要工具,包括财务状况信息、经营成果信息和现金流量信息。身为店长要充分利用财务报表指导门店的经营活动。同时,财务报表也是考核店长经营业绩的重要依据,所以,店长应该善于识读与分析财务报表,并对关键指标予以关注。

(一)资产负债表

资产负债表(见表11-1)是总括反映企业一定时期(月末、季末或年末)的全部资产、负债和所有者权益情况的会计报表。该表必须按月编制,对外报送。它是反映企业财务状况的主要报表。会计年度终了,企业应编制年度资产负债表。

表11-1 资产负债表

编制单位:　　　　　　　　　　　　　年　月　日　　　　　　　　　　金额单位:元

资产	行次	年初数	期末数	负债及所有者权益	行次	年初数	期末数
流动资产				流动负债			
货币资金	1			短期借款	68		
短期投资	2			应付票据	69		
应收票据	3			应付账款	70		
应收股利	4			预收账款	71		
应收利息	5			应付工资	72		
应收账款	6			应付福利费	73		
其他应收款	7			应付股利	74		
预付账款	8			应交税金	75		
应收补贴款	9			其他应交款	80		
存货	10			其他应付款	81		
待摊费用	11			预提费用	82		
				预计负债	83		
一年内到期的长期债权投资	21			递延收益	84		
其他流动资产	24			一年内到期的长期负债	86		

续表

资产	行次	年初数	期末数	负债及所有者权益	行次	年初数	期末数
流动资产合计	31			其他流动负债	90		
				流动负债合计	100		
长期投资				长期负债			
长期股权投资	32			长期借款	101		
长期债权投资	34			应付债券	102		
长期投资合计	38			长期应付款	103		
固定资产				专项应付款	106		
固定资产原价	39			职业风险基金	107		
减：累计折旧	40			其他长期负债	108		
固定资产净值	41			长期负债合计	110		
减：固定资产减值准备	42			递延税项			
固定资产净额	43			递延贷项	111		
工程物资	44			负债合计	114		
在建工程	45						
固定资产清理	46			所有者权益（或股东权益）			
固定资产合计	50			实收资本（或股本）	115		
无形资产及其他资产				减：已归还投资	116		
无形资产	51			实收资本（或股本）净额	117		
长期待摊费用	52			资本公积	118		
其他长期资产	53			盈余公积	119		
无形资产及其他资产合计	60			其中：法定公益金	120		
递延税项				未分配利润	121		
递延税款借项	61			所有者权益（或股东权益）合计	122		
资产合计	67			负债及所有者权益（或股东权益）总计	135		

1. 资产负债表的作用

资产负债表是以"资产＝负债＋所有者权益"这一会计基本等式为基础进行编制的,是反映企业静态财务状况的一种基本报表,在企业中是一张重要报表。资产负债表的具体作用如下:

(1)资产负债表提供了企业所掌握的经济资源及其分布的情况,经营者据此可以分析企业资产分布是否合理。

(2)资产负债表总括反映了企业资金的来源渠道和构成情况,投资者和债权人可以据此分析企业资本结构的合理性及其所面临的财务风险。

(3)通过对资产负债表的分析,可以了解企业的财务实力、短期偿债能力和支付能力,投资者和债权人可以据此做出相应的决策。

(4)通过前后期资产负债表的对比分析,可以了解企业资金结构的变化情况,经营者、投资者和债权人可以据此掌握企业财务状况的变化情况和变化趋势。

2. 资产负债表的格式

资产负债表的格式有账户式和报告式两种,我国资产负债表采用账户式格式。账户式资产负债表分为左右两方。左方列示企业所拥有的全部资产项目,右方列示企业的负债和所有者权益项目。根据会计等式的基本原理,左方的资产总额等于右方的负债和所有者权益总额。资产负债表左、右两方各项目的前后顺序是按其流动性排列的。

3. 资产负债表的结构和内容

资产负债表的表头由报表名称、编制单位、编制日期和金额单位等内容组成。资产负债表的正表由资产、负债和所有者权益三部分组成。

资产负债表的项目分为资产、负债和所有者权益三类,并分别结算出总额。资产类项目主要按项目的流动性排列,即流动资产和非流动资产两大类,并分项列示。流动资产项目主要包括货币资金、短期投资、应收票据、应收股利、应收利息、应收账款、预付账款、其他应收款、存货、待摊费用等;非流动资产包括长期投资、固定资产、在建工程、无形资产、递延资产、递延税项等若干项目。负债类项目一般按照流动负债、长期负债进行分类并分项列示。流动负债项目包括短期借款、应付票据、应付账款、预收账款、应付工资、应付福利费、应付股利、应交税金、其他应付款、预提费用等;长期负债项目包括长期借款、应付债券、长期应付款等若干项目。所有者权益一般按照实收资本(或股本)、资本公积、盈余公积、未分配利润项目分别列示。

资产负债表中的"资产"类项目金额合计与"负债及所有者权益"项目金额合计必须相等。另外,资产负债表除了列示各项资产、负债和所有者权益项目的期末余额外,通常还列示这些项目的年初余额,通过对年初、期末数的比较,可以看出各项资产、负债及所有者权益的变动及其结果。

构成资产负债表的主要项目如下:

(1)流动资产,是指现金以及一年内可转成现金的资产。流动资产又可分为变现资产及盘点资产。

变现资产是指现金、银行存款、应收账款、应收票据等。

盘点资产包括存货、包装材料、用品盘存等。盘点资产是以实地盘点决定总量,再加以评价决定盘点资产的金额。

(2)固定资产,是指土地、建筑物、车辆、运输工具、设备等,使用年限超过一年,而一定期间又能维持其经济价值的资产。固定资产分为有形固定资产、无形固定资产、投资等三项。

(3)递延资产,是指已支出费用中,部分不以费用计算而递延于至期的结果,在本期以资产项目处理,例如开办费、研究试验费、存出保证金等。

(4)流动负债,包括应付账款、应付票据、未付款、预收款、代收款、短期借款、预收收益等。

(5)长期负债,是指支付期限从决算日起算,超过一年的债务,比如长期借款、公司债等。

(6)其他负债,例如存入保证金等。

(7)净值,从资产总额中扣除负债总额即是净值,与他人资本相对,净值又称自己资本或股东权益。净值包括股本、资本公积、法定公积、特别公积及未分配盈余。

(二)损益表

损益表,亦称利润表,是总括反映企业在一定时期(年度、季度或月份)内利润(或亏损)的实际形成情况的会计报表,它是反映企业财务成果的主要报表。损益表必须按月编制,对外报送,会计年度终了,企业应编报年度损益表,以提供企业各月及全年实现利润(或亏损)的总额及构成情况。

1. 损益表的作用

损益表反映了企业的各项收入和各项费用成本等支出以及利润净额或亏损总额的构成,是一张动态会计报表。损益表的作用主要体现在以下几个方面:

(1)有助于分析企业的经营成果和获利能力;

(2)有助于考核企业管理人员的经营业绩;

(3)有助于预测企业未来利润和现金流量;

(4)有助于企业管理人员的未来决策。

2. 损益表的格式

损益表常见的格式有两种,即单步式损益表和多步式损益表。我国现行会计制度要求采用多步式损益表。

3. 损益表的结构和内容

损益表由表头和正表两部分组成。表头由报表名称、编制单位、报表时间和金额单位等组成。正表部分采用多步式结构,分为五个部分(见表11-2)。

损益表各项目均分设"本月数"和"本年累计数"两栏金额,"本月数"栏内的金额主要反映当月利润实现的情况;"本年累计数"栏内的金额主要反映自年度开始起,至报告期止的累计数额。

在正表中第一部分是主营业务收入;第二部分是主营业务利润,它是以主营业务收入减去主营业务成本和主营业务税金及附加后的数额,用以反映主营业务成果;第三部分是营业利润,它是以主营业务利润加上其他业务利润,减去营业费用、管理费用和财务费用后的数额,用以反映企业的经营成果;第四部分是利润总额,它是以营业利润加上投资收益、补贴收入和营业外收入,减去营业外支出的数额,用以反映企业的税前利润;第五部分是净利润,是以利润总额减去所得税后的数额,用以反映企业的税后利润,即企业的净收益。

表11-2 损益表

编制单位：　　　　　　　　　年　月　日　　　　　　　　金额单位：元

项目	行次	本月数	本年累计数
一、主营业务收入	1		
减：主营业务成本	4		
主营业务税金及附加	5		
二、主营业务利润（亏损以"-"号填列）	10		
加：其他业务利润（亏损以"-"号填列）	11		
减：营业费用	14		
管理费用	15		
财务费用	16		
三、营业利润（亏损以"-"号填列）	18		
加：投资收益（亏损以"-"号填列）	19		
补贴收入	22		
营业外收入	23		
减：营业外支出	25		
四、利润总额（亏损以"-"号填列）	27		
减：所得税	28		
五、净利润（亏损以"-"号填列）	30		

第二节　门店经营绩效分析的方法

一、对周转与利润的基本认识

如果门店经理能够很好地将利润管理和周转管理结合起来，就能够获得良好的业绩。所以，在了解经营绩效分析方法之前，必须对周转与利润有一个基本的认识。

（一）周转

要确保一个商店以最佳的周转速度运营是很困难的,但它却又是推动企业向高业绩目标前进所必需的。不过,周转不是业绩的衡量标准。商品周转快能使企业减少一些费用,周转越快,所需平均库存越低。低库存显然只需要较少的资金,因而企业的利息费用就较低。另一方面,周转快也可能增加费用。平均库存商品少,企业在一定时间内需要更频繁地订货,这样会损失一定的数量折扣,运输成本、通信费、管理费、办公费也会增加。同样,随着库存减少,所需要的保险费、商品税金、仓位费也会减少。周转是零售企业获利的关键,但并不意味着周转越快,利润越高;也不是周转越慢,利润越低。如果企业的周转速度为6次,平均库存100 000元,那么企业每年就能创造600 000元的销售额($6 \times 100\ 000$)。如果零售企业预测的销售额是500 000元,经验显示此时周转速度为4次比较合理,那么,按零售价计算企业需要的库存是125 000元($500\ 000 \div 4$)。因此,假设企业走一个极端,每年只订一次货,那么订货成本很低,但因为平均库存大,相应的库存成本就高。再假设企业走另一个极端,每周都订一次货,那么订货成本较高,但平均库存以及与此有关的费用就相对较低。

（二）利润

商品购销存业绩的最终衡量标准不是周转速度,而是利润。一个零售企业可能销售很好因而周转不错,但这不是目的。零售企业管理者的任务是管理需求和供应诸因素,以实现能够维持生存和未来发展的投资回报。库存商品投资影响供应(成本)函数和需求(销售)函数。零售企业的商品管理对获得利润有多大帮助? 为了回答这个问题,需要对利润进行界定。商品经理在评价商品经营业绩时可以采用三种利润标准。

(1)毛利。毛利是销售净额减去所售成本。如果除了能够直接追溯到该商品上的成本以外没有其他费用,那么这是一个很好的标准。但是,有时情况不是如此,比如我们不可以直接将所有广告和销售费用与某一商品线联系起来。

(2)贡献毛益。贡献毛益是销售净额减去所售商品的成本和所有可直接追溯到该商品的费用之后的余额。广告费用等是可以直接与某一商品线联系起来的。

(3) 营业利润。营业利润是销售净额减去所售商品成本、直接费用、所有间接费用的分摊额。这种方法只能在能够合理分摊间接费用的情况下使用。

在这几种利润衡量标准中,毛利率是使用最广的。其原因有两个:首先,这个数字是最精确的,因为销售额和所售商品成本都是由商品线或商品项目直接计算出来的,这是毛利率法相对于贡献毛益率法和营业利润率法的一个大的优点。后二者都要确定哪些费用(除所售商品成本外)应该从销售净额中减去。其次,许多行业协会定期公布商品线的毛利率数据,使企业可以将自己的业绩与其他企业进行比较。

二、常用的门店业绩衡量指标

连锁总部对门店经营业绩的衡量指标,主要由收益性指标、效率性指标和发展性指标构成。

(一) 反映门店盈利能力的收益性指标

1. 营业额达成率

营业额达成率 = 实际营业额/目标营业额 × 100%

营业额达成率表明了连锁企业各门店的实际营业额和目标营业额的比率。

2. 毛利率

毛利率 = 毛利额/营业额 × 100% = (销售收入 − 销售成本)/销售收入 × 100%

毛利率反映了连锁企业门店的基本获利能力。不同行业的毛利率不同,因此毛利率指标要结合同行业平均水平进行评价。当企业经营多种商品时,毛利率指标为总毛利率(综合毛利率)。

总毛利率 = Σ(各类商品的毛利率 × 该类商品的销售比重)

3. 营业费用率

营业费用率 = 营业费用/营业额 × 100%

营业费用率反映了每一元营业额所包含的营业费用支出。费用支出越小,说明管理效率越高,企业的获利水平也越高。

4. 净利润率

净利润率 = 税前实际净利润/营业额 × 100%

净利润率反映了门店的实际获利水平。

5. 净利润达成率

净利润达成率 = 税前实际净利润/税前目标净利润 × 100%

该指标反映了门店的实际获利达到预期目标的程度。

(二)反映门店生产力水平和盈利能力的效率性指标

1. 来客数及客单价

来客数即某段时间进入门店购物的顾客人数。来客数和客单价会直接影响门店的营业额。

客单价 = (每日平均销售额/每日平均来客数) × 100%

销售额 = 来客数 × 客单价

2. 商品周转率

商品周转率 = 销售额/平均存货

      = 销售收入 × 2/(期初存货 + 期末存货)

商品周转率越高,表明销售状况越好。不同商品的周转率各不相同,该指标要结合同行业水平进行评价。整个门店所有商品的总周转率,则由连锁总部根据行业水平及企业自身经营管理状况来确定。

3. 每平方米营业额

每平方米营业额 = 销售额/卖场面积

该指标反映了卖场的有效利用程度。

4. 人均劳效

人均劳效 = 销售额/员工人数

该指标反映了门店员工的劳动效率。

(三)反映门店成长速度的发展性指标

1. 营业额增长率

营业额增长率 = (本期营业额/上期营业额 − 1) × 100%

该指标反映了门店的营业发展水平。一般情况下,营业额增长率应大于本地区的经济增长率。

2. 营业利润增长率

营业利润增长率 =（本期营业利润/上期营业利润 - 1）×100%

该指标反映了门店获利能力的变化水平,营业利润增长率应该大于零,最好是高于营业额增长率。

三、常用的分析方法

主要有比较分析法、动态分析法、结构分析法、因素分析法等。

（一）比较分析法

将两个或两个以上的同类经济指标进行数量比较,从而揭示它们的差异和程度,并对有关指标进行评价。这种方法是经济活动分析的基础。

1. 比较分析绝对值

如:计划销售 1 800 万元,实际销售 2 000 万元,超额完成多少？2 000 - 1 800 = 200（万元）,即超额完成 200 万元。

又如:去年同期完成 1 750 万元,今年比去年同期增加多少？2 000 - 1 750 = 250（万元）,即比去年同期增加 250 万元。

2. 比较分析相对值

一般用于计算增速、增长幅度等相对指标。

（二）动态分析法

用同一经济指标对不同时期的两个数值进行比较,用来观察这一指标在时间上的变动情况,以此来揭示这一经济指标的发展趋势。主要包括:增长量、增长幅度（这两种方法同比较分析法）、发展速度。

$$发展速度 = \frac{实际数值（报告期数值）}{基期数值} \times 100\%$$

$$增长速度 = \frac{实际数值 - 基期数值}{基期数值} \times 100\%$$

发展速度 = 增长速度 + 1

如前例：

发展速度 = (2 000/1 750) × 100% = 114.29%

增长速度 = (2 000 - 1 750)/1750 × 100% = 14.29%

发展速度 = 114.29% - 1 = 14.29%（增长速度）

（三）结构分析法

以某个指标的各个组成部分占整体指标的比重来分析。

公式为：

$$\frac{部分数值}{整体数值} \times 100\%$$

（四）因素分析法（替代法）

用实际数和基数的差额来寻找差异。

步骤：列出算式（确定分析对象）、因素替代、找出差异、汇总结论。

项目	计划	实际	差异
销售	380 000 元	400 000 元	+20 000 元
毛利率	12%	12.5%	+0.5 个百分点
毛利额	45 600	50 000	+4 400 元

实际比计划增加毛利额：

50 000 - 45 000 = 4 400（元）

毛利额的增加受两个因素的影响：

(400 000 - 380 000) × 12% = 2 400（元）（由于销售额增加而影响毛利额）

(12.5 - 12%) × 400000 = 2000（元）（由于毛利率提高而影响毛利额）

综合影响：

2 400 元 + 2 000 元 = 4 400 元

四、门店经营绩效下降问题的分析思路

超市的销售额变化对利润的影响具有"倍增效应"，如按照表 11-3 计算，销售额下降 2%，则净利润将下降 18%；销售额下降 5%，则净利润下降 45%。

表 11-3　销售额变化对利润的影响

销售额降幅	原水平	-2%	-5%
销售额	100 000	98 000	95 000
成本	78 000	76 440	74 100
毛利	22 000	21 560	20 900
固定成本	16 000	16 000	16 000
可变成本	4 000	3 920	3 800
净利润	2 000	1 640	1 100
净利润变化		-18%	-45%

这是十分可怕的现象,因为销售额的变动很容易突破5%的界限。当发现销售呈现下降趋势时,有以下六点必须十分明确:

(1)商圈的环境是否发生了变化。如竞争店的加入、新业态的出现、大型店更具有吸引力、人口与交通情况的变化等。关注商圈环境变化是店长必须坚持的工作。

(2)竞争店的营销策略是否发生了变化。应该特别注意竞争店的营销方法与策略,营销活动一般是可知的,关键是预先了解。营销应该做在竞争店的前面,这可以通过与供应商沟通和谈判获得支持。而营销的策略往往是隐含的,如毛利策略,有两种简便的方法可以掌握竞争店的营销策略:一是要关注竞争店的店头商品(进门可视的端头商品与堆头商品),这些商品往往就是形象商品或动力商品;二是预先确定样本,持续跟踪其价格、促销等方面的情况,以分析其变化规律。

(3)销售结构是否发生了变化。销售结构的变化可能是由商品原因引起的,也可能是由营销原因引起的,还有可能是由经营判断失误(如备货不足)引起的,总之,竞争店的强项可能就是本店的弱项。销售结构的变化会导致毛利发生显著的变化,而且会影响商店的商品形象,这是十分严重的问题。

(4)销售下降是普遍的还是特殊的。如果发生重大事件,可能会普遍地影响销售,但如果行业中没有发生普遍的影响,那么就是个别店铺的特殊问题。特殊问题又包括总部问题与门店问题,总部问题是大局,门店店长无法左右;门店问题是店长和环境的问题。特殊问题所反映的是经营水平问题。在实际工作中有两种倾向是应该纠正的:一是一味地责怪环境与总部;二是一味地责怪店长经营不得力。

(5)销售下降是由客单价下降引起的还是由客流量减少引起的。如果是客单价减少,问题可能主要集中在商品、价格、卖场布局与卖场氛围等方面;如果是客流量减少,问题可能主要集中在营销、店铺的整体形象、便利性等方面;如果两者都下降,问题就更严重了。

(6)如何弥补销售的下降。有两种基本办法可以选择:一是在以后的计划月份中逐月弥补销售额;二是集中力量在一定时期内把下降的销售量补上,比如开展一次大型的促销活动等。

复习题

一、简述题

(1)门店进行经营绩效分析应注意收集哪些方面的信息?
(2)销售日报表包含哪些项目?
(3)资产负债表的作用是什么?
(4)损益表的作用是什么?
(5)门店经营绩效评价指标体系和常用评价方法有哪些?

二、计算题

某企业的流动资金周转天数,以产品销售收入为周转额计算,为100天;以产品销售成本为周转额计算,为146天。根据上述资料计算该企业的销售利润率。

本章小结

本章首先分析了信息搜集、销售报表、财务报表是门店经营绩效分析的三大依据,对周转与利润的基本认识是门店经营绩效分析的基础。在此基础上分析了连锁总部对门店经营业绩的控制,一般主要由收益性指标、效率性指标和发展性指标构成。介绍了比较分析法、动态分析法、结构分析法、因素分析法等常用的分析方法。最后提供了门店经营绩效下降问题的分析思路。